第1章
八王子の戦争と戦跡の歴史

JN118738

は　じ　め　に

　この本は、八王子で見ることのできる、明治以降の戦争にかかわる遺跡(いせき)、いわゆる「戦跡(せんせき)」を取り上げています。

　戦跡は、大きく３つに分類することができます。

　１つ目は西南戦争(せいなんせんそう)から太平洋戦争までの戦争で亡くなったり（戦死）、戦いによる傷(せんしょう)（戦傷）や伝染病などの病気で亡くなったり（戦病死(ぼびょうえい)）した軍人・兵士の墓碑（英霊墓(れいばか)ともいい、一般的なお墓とは形が違います）、地域単位で建立され、戦死者の氏名などが刻まれている忠魂碑(ちゅうこんひ)などです。これらは彼らの死を弔(とむら)い、天皇に対する忠義(ちゅうぎ)と軍功(ぐんこう)を誇(ほこ)り、後世忘れることのないようにとの思いで建立されており、戦後に町村を中心に市内各地で建立された追悼(ついとう)の碑につながります。

　２つ目は、日中戦争以降、戦意高揚(せんいこうよう)のために作られたもの、太平洋戦争末期の疎開(そかい)や空襲(くうしゅう)によるものです。焼痕(やけあと)や弾痕(だんこん)など空襲(くうしゅう)の痕(あと)、遺物(いぶつ)、地下壕(ちかごう)、戦災樹木(せんさいじゅもく)などが挙げられます。これらは市街地や焼失先にあり、開発や街の変化とともに消え去ったものも多いのですが、偶然(ぐうぜん)残ったものや、大切なものだから後の時代の人たちに見てもらおうと考えた人びとによって残されました。

　そして３つ目は、戦争の惨禍(さんか)を繰り返すまいという強い思いで、戦後になって製作された平和の誓(ちか)いの碑やモニュメントです。

　現在、戦跡というと、太平洋戦争のものをイメージすることが多いですが、この本では対象を広げて紹介しています。小学校の校庭などに残る二宮尊徳(にのみやそんとく)（金次郎(きんじろう)）の薪(たきぎ)を背負って読書をする像（負薪読書像(ふしんどくしょぞう)）もその１つです。日中戦争が始まったころから、当時のあるべき子どもの姿の象徴として、盛んに建てられたからです。このように、ふだん何げなく見ている古いものにも、意識して見ると戦争の痕が残っていることがあります。その一方で、現在はなくなってしまった戦跡もあります。

　第１章では、八王子と戦争の関わりを中心にして、何が戦跡として残り、残されていくことになったのか、歴史をたどってみます。

I．明治時代の戦跡

西南戦争

　明治維新後、最初の八王子出身の戦死者は、恩方村出身の菱山満五郎です。1877（明治10）年、鹿児島県で西郷隆盛らの旧士族が起こした西南戦争で、政府軍の兵士の彼は負傷し、治療むなしく翌年1月に大阪の陸軍病院で亡くなりました。彼の名前を刻んだ墓は、大阪真田山の陸軍墓地と菱山家の墓地に建立されました。

日清戦争①── 兵士の出征と"軍夫"

　1894（明治27）年8月、朝鮮をめぐって清国と対立していた日本は、清国に宣戦布告し、日清戦争が始まりました。朝鮮半島ばかりか中国の遼東半島、さらに台湾でも戦われました。当時、この戦いは「明治二十七・八年戦役」と呼ばれ、忠魂碑にもそのように刻まれています。

　戦争が始まると、義勇兵の希望者が続出しましたが、すでに近代的な軍隊を備えていた政府はこれを認めませんでした。そこで彼らは戦地で軍事物資、食糧の輸送にあたる"軍夫"に応募しました。多摩地区では中溝多摩吉らによって「玉隊」が組織され、台湾と澎湖諸島に赴きました。

「明治二十七八年戦役」と刻まれた
小宮町忠魂碑

　翌年4月、下関条約が結ばれて日本は遼東半島や台湾を割譲され、賠償金を得ましたが、戦費は当時の国家歳入の2倍強にあたる約2億円に達しました。戦死者は1万人以上、その死亡原因の80％以上は、水あたりや伝染病の流行による病死です。同じ原因で7〜8000人の軍夫も亡くなりました。

日清戦争② ── 忠魂碑の建立と英霊墓の始まり

明治40年代の富士森公園の招魂場
（八王子市郷土資料館蔵）

戦争が終わると人びとは、兵士たちの帰りを「凱旋祝賀」で迎えました。

南多摩郡（現在の八王子市、日野市、多摩市、稲城市、町田市）では、戦死者の「招魂の碑」を建設する動きが起こります。1896（明治29）年３月には八王子町上野に銅製の「報國忠魂之碑」が建てられ、西南戦争での菱山満五郎陸軍伍長ら４名、日清戦争での34名、さらに軍夫40名の氏名が刻まれました。そして、ここを郡の招魂場として、年１回招魂祭が営まれるようになりました。

同年４月、この地一帯約10万㎡（３万坪）は南多摩郡最初の公園、富士森公園として開園し、忠魂碑、招魂場を中心に整備されていきました。

八王子では、日清戦争で兵士17名が戦死し、軍夫25名が亡くなり、墓が建てられました。一般的に仏式の墓は、墓石に「○○家の墓」と刻まれた家族、一族の墓であり、戒名のない個人の墓は建てません。

ところが、元八王子村出身で戦死した松尾梅吉の墓は、板状の自然石の表面に「故陸軍二等卒松尾梅吉墓」と刻まれています。このように戦死者の墓は、墓石の表面に陸海軍別の階級、本人の氏名、そして側面や裏面に戦歴、建立者名などを刻んだものが建てられ、一般化していきました。戦死した兵士の魂を敬うことばが「英霊」であり、その人の墓を「英霊墓」ともいいます。英霊墓は1970年代まで建立されました。

日露戦争① ── 勝利と凱旋行事

その後、中国東北部の満州の支配権をめぐってロシアと対立した日本は、日清戦争開戦から10年後の1904（明治37）年２月、ついにロシアと戦争（日露戦争）を始めました。この戦争を、当時は「明治三十七・八年戦役」と呼び、忠魂碑などにも刻まれ

ています。

　20世紀の到来とともに始まった日露戦争は、兵士だけではなく、物・人・心・金などあらゆるものが戦争のために使われる、まさに総力戦でした。当時、世界最大・最強の陸軍国だったロシアとの戦いは、中国大陸の遼東半島から満州一帯で行われています。国民の戦争への意識は高まり、激戦は華々しい戦果として宣伝されましたが、戦費は18億円、109万人が動員され、戦死者・戦病死者が8万4000人、戦傷者は14万3000人にのぼりました。南多摩郡から動員された兵士は約2200人、うち戦死者は約10％にあたる214人（現・八王子市域では

「明治三十七八年戦役」と刻まれた
恩方村の忠魂碑

111人）でした。当時、人口約2万6400人、世帯数約4000戸の八王子町では約350人が出征し、戦死者は38人でした。

　1905（明治38）年9月に結ばれたポーツマス条約では、日本への賠償金の支払いがなく、領土も樺太南半分という内容に国民が不満を爆発させ、日比谷焼き打ち事件が発生しました。しかし、戦地から兵士が故郷に戻ってくると、人びとは勝利を祝い、彼らの働きをたたえる“凱旋”行事を行いました。八王子町は凱旋門を造って迎え、横山村の懇話会は御霊神社に戦捷碑、由井村小比企では打越八幡神社に凱旋記念碑を建てています。

日露戦争② —— 英霊墓、追悼碑の建立

　戦死者の遺族は、英霊墓や追悼碑を建立しました。

　英霊墓の形式はさまざまでした。由井村出身で22歳で戦死した臼井治太郎の墓は四角柱で、正面には戒名を、左面には戦歴を刻んでいますが、戒名の院号は「旅順院」という、この戦争の激戦地の地名です。同じ寺にある野島菊太郎の墓は、正面に「近衛歩兵野島菊太郎之墓」、左面には戦歴、台座の石には「忠勇士」と深く刻まれてい

ます。元八王子村出身の大谷峰松の墓は、大きな板状の自然石で、正面の真ん中に「故補充兵陸軍歩兵大谷峰松戦死墓」と大きく刻み、右側には戦歴をごく簡単に、左側には戒名、11月15日に村葬したこと、僧侶の地位と氏名を記しています。

　追悼碑は、一族の墓や寺社の境内に建立されました。高さは1m数十cmの板状の石で、表面の最上部に横書きで「○○［名前など］之碑」、その下には漢文で本人の出自、出征から戦死までの経緯、碑を建立することになった経緯などが刻まれています。現在確認されているこの時期の追悼碑の碑文は、いずれも八王子町で漢学中心の教育をしていた私立学校、斯文学院創立者で学院長の奥津廣（雁江）が書いています。

　日清戦争に比べて格段に増えた戦死者に対して、このときも南多摩郡では戦死者の碑を建てようという動きが起こり、先の忠魂碑の脇に仮山を築いて、戦死病没者の陸海軍別の階級、氏名を刻んだ「尽忠无窮」（限りなく忠義を尽くしたこと）の碑を建立しました。1906（明治39）年11月18日には約1万人が参列する除幕式を行って、「弔魂祭」を営みました。八王子町では八王子町奨兵義会が、戦死者38名の遺影を収めた『征露記念肖像録』という本を出版しています。

　日露戦争で村として初めて戦死者15名を出した加住村では、1912（明治45）年5月1日に彼らを祭神にした霞神社を創建し、滝山城の本丸跡に社殿を建立しました。戦死者を神として祀った町村は、八王子では加住村だけでした。

戦利品の展示

富士森公園にあった戦艦「松島」の大砲
（漆間達雄撮影）

　日清・日露戦争では、武器や「戦利品」が国内に運び込まれ、各地に展示されました。富士森公園にも戦艦「松島」の大砲が設置され、子どもたちの遊び場にもなりました。しかし、これらは太平洋戦争末期に供出されたり、戦後に占領軍からの指示で戦意高揚のための悪いものとして撤去されたりして、現在はありません。

II．各町村での忠魂碑の建立（大正から昭和へ）

町村単位での忠魂碑の建立

　第1次世界大戦中の1917（大正6）年、八王子町は市制を施行して南多摩郡から離れ、東京府の2番目の市になりました。戦後、各町村では役場、在郷軍人会や青年団が中心になって、それぞれに日清・日露戦争での戦死者の忠魂碑を建立したり、招魂場を設けるといった動きが起こりました。

　すでに浅川町は1910（明治43）年に表忠碑を、小宮村が1912（明治45）年に忠魂碑を建てていましたが、由木村は1919（大正8）年に忠魂碑を建立しました。翌年4月に忠魂碑を建立した恩方村は、南面の敷地を招魂場とし、中断を挟みながら戦後まで招魂祭を実施しました。昭和に入ってからは、由井村が1928（昭和3）年、横山村が1929（昭和4）年、元八王子村は1932（昭和7）年、川口村は1942（昭和17）年に建立しています。

　1900年の北清事変から日中戦争までの37年間、日本は日露戦争以外に第1次世界大戦（1914～18）に参戦し、シベリア出兵（1918～21）を行い、満州事変（1931～33）を引き起こしました。いずれも日露戦争のような多数の兵士を戦地に送ることはありませんでしたが、第1次世界大戦で5名、満州事変で4名が戦死し、朝鮮と台湾で守備任務中にそれぞれ1名が亡くなっています。南多摩郡では1935（昭和10）年、彼らの階級や名前を刻んだ忠魂碑を富士森公園に建てました。

追悼碑の建立 —— 殉職者も "戦死"

　彼らと事故での殉職者は、町村ごとの忠魂碑に階級や名前を刻まれただけでなく、中には遺族が大きな墓や追悼碑を建てたケースもありました。たとえば、北清事変中の1901（明治34）年1月に清国山海関での爆発事故で死亡した川口村出身の陸軍砲兵一等卒野口政良の追悼碑は、有志によって安養寺に建立されました。第1次世界大戦末期の1918（大正7）年7月に戦艦「河内」は徳山湾で火薬庫爆発事故により沈没し、殉職した元八王子村出身の海軍二等機関兵常盤完一の氏名は、元八王子村の忠魂

碑に刻まれています。戦争中での戦闘による死亡でない限り“戦死”と言えませんが、実際は病死や殉職も“戦死”として扱われました。

　警察官が植民地支配で死亡しても戦死扱いにはなりません。ただ、遺族の中には同等の扱いをしてほしいという気持ちから、忠魂碑を建立することがありました。元八王子町の宗閑寺（そうかんじ）にある忠魂碑は、元八王子村出身で台湾の警察官となった小林勲美（こばやしいさみ）が、1912（大正元）年11月に植民地支配に抵抗する現地民との戦いで死亡したことを追悼して、兄が建立したものでした。

軍国主義に利用された二宮尊徳像 ── 流行した読書負薪像の建立

　戦前の銅像といえば、偉人や軍人でしたが、1930年代になると、二宮尊徳（にのみやそんとく）（金治郎）像を小学校の正門脇などに建てることが流行しました。尊徳（1787〜1856）は幕末の農政家（まつのうせいか）で、勤勉（きんべん）に働いて没落（ぼつらく）した自分の家を再興（さいこう）したのち、幕府や藩（はん）から迎えられ、荒れ果てた農村を次々と復興させました。明治以降、小学校の修身（しゅうしん）の教科書にも勤勉、学問、精励（せいれい）、勤倹（きんけん）などを象徴する人物として登場しました。

　尊徳は決して戦前の国民道徳である「忠君愛国（ちゅうくんあいこく）」を実践した人物ではありません。しかし、子どもたちに求められていた「勤勉、勤倹などを実践すること」や「物事にまじめに一生懸命に取り組むこと」が結果的に忠君愛国につながる象徴となり、卒業生や地元の有力者が寄贈しました。材質は銅、みかげ石、コンクリートなどで、八王子でもほとんどの小学校に建立されました。ただ、銅製のものは戦争末期に供出されてしまい、他の材質のものも戦後の占領期に撤去されたり、その後も別の場所に移されたりしたため、現在もそのまま残っているのは、市内で数校だけです。残された像の中には、戦後つくり変えられたものもあります。また、学校以外の場所にあるものの中には、何らかの理由で戦後に新しくつくられたものもあります。（第2章各地域地図参照）

郷土資料館にある二宮尊徳像

Ⅲ．日中戦争と英霊墓、皇紀2600年

日中戦争と歩兵第101連隊

　1937（昭和12）年7月7日、中国の北京郊外で日中両国軍が衝突する盧溝橋事件が発生しました。現地では、いったんは停戦協定が成立しましたが、内閣は軍隊を派遣、中国軍と本格的な戦闘になりました。翌8月には、上海でも戦闘が始まり（第二次上海事変）、中国に対して宣戦布告をしないまま、全面的な日中戦争に発展しました。追悼碑の中には、この戦争のことを北支事変や支那事変と刻むものもあります。

　日本は上海で苦戦する海軍陸戦隊の応援のため、すぐに二個師団を派遣しました。その1つが9月1日に編成された第101師団でした。

　彼らは、大隊長などごく一部の軍人を除くと、予備役などの召集兵でした。20歳代半ばから30歳代が中心で、職業があり、結婚をして子どもが生まれたばかりという人もいました。この師団の歩兵第101連隊は東京出身者によって編成され、八王子でも小宮小学校の訓導（先生）だった和智昭元は8月25日に、町田国男、柴山武茂、秋山博らも同じころに召集を受けました。

第2次上海事変への派遣とあっけない戦死

　連隊には9月11日に上海への派遣命令が下され、18日に神戸から出航、22日以降に上海の呉淞に上陸しました。ところがこの地はクリーク（水濠）が縦横にはしり、軍隊の行動は困難な場所でした。彼らは兵隊としての再訓練を受けず、装備も貧弱なまま最激戦地に投入され、28日には泥と水のなかで戦闘が始まりました。10月11日、第101連隊の本部に迫撃砲弾が撃ち込まれて、隊長の加納治雄大佐、副官の和智少尉らが戦死しました。

　上海での戦闘は2カ月半続き、日清戦争と同じ約1万人が戦死しました。八王子出身の兵士は3名、由木村、加住村、川口村、元八王子村出身の兵士がそれぞれ1名戦死しました。一方、「加納部隊」は護国の英雄として盛んに宣伝され、物語や歌になり、さらには歌舞伎の演目として上演されました。

上海以外の戦地や海軍でも戦死者が相次ぎ、八王子出身の兵士の戦死者数は11月ごろまでに約30名に達しました。新聞は彼らの戦死を華々しく取り上げ、故郷に遺骨で"無言の凱旋"と大きく伝え、市葬や村葬のようすを詳しく報道しています。

大きな英霊墓、追悼碑の建立

市営緑町霊園の今井正己の英霊墓

遺族は菩提寺や市営緑町霊園に、ひときわ大きな墓や追悼碑を建立しました。

和智昭元の墓は父親の甚平によって市内千人町の了法寺に建立されました。2003（平成15）年12月に了法寺が設置した説明板「英霊　和智昭元中尉」には、彼の戦死の状況が記されています。柴山武茂と町田国男の墓は、市営緑町霊園内に建立されました。2人は府立第二商業学校の卒業生だったので、墓石の脇には同校教員の天野佐一郎が経歴・戦歴を記した追悼碑が建てられています。

妻と生まれたばかりの子どもを残して戦死した元八王子村出身の田嶋重雄の追悼碑は、1940（昭和15）年11月に山上張郎が相即寺に、川口村犬目出身の秋山博の追悼碑は、遺族が生家前に建立しました。

第2次上海事変以外でも、市営緑町霊園には1937（昭和12）年8月に戦死した鹿島長太郎や、1939（昭和14）年に戦死した今井正己の墓が建立されました。中でも今井の墓碑は、上部が次第に細くなる四角柱で、塔頂部は四角錐（兜巾といいます）、正面の最上部には陸軍のシンボルマークの星型をあしらい、揮毫は中国通として知られた陸軍大将本庄繁であるなど、典型的な英霊墓です。その後は出征時にのぼりをたてて華やかに送る行事が制限されるのと並行して、このような墓や追悼碑は建立されなくなります。

認められない忠魂碑の建立

　日中戦争は、首都南京が陥落しても中国国民政府が首都を重慶に移して抗戦を続けたため、泥沼化しました。増え続ける戦死者のため、各地で忠魂碑を建立すべきとの声が上がりましたが、戦争の長期化により物資などの統制を強化していた政府は、建立を制限しました。そのため、八王子で建立された忠魂碑は、1942（昭和17）年の川口村のものだけでした。

皇紀2600年記念

　日中戦争が始まったとき、3年後の1940（昭和15）年に東京オリンピックの開催が決まっていましたが、日中戦争の泥沼化を理由に返上、中止となりました。代わって実施されたのが、皇紀2600年（紀元2600年）記念行事でした。

　皇紀とは、西暦紀元前660年に初代天皇の神武天皇が即位したという神話から、この年を日本の建国元年とする紀年法による名称です。1940（昭和15）年が皇紀2600年にあたることから、国民的な奉祝記念行事を実施することになり、11月10日の皇居前広場での紀元2600年式典を中心に、一年を通じて全国各地で行われました。市町村をはじめ、在郷軍人

元八王子町の八幡神社にある
「皇紀二千六百年記念植樹」碑

会などの各種団体や学校、地域ごとに記念行事が実施されます。たとえば学校で二宮尊徳像、奉安殿、国旗掲揚塔が建立されたり、記念植樹が行われたりしました。記念植樹では、元八王子村の郷社八幡神社の氏子一同による「皇紀二千六百年記念植樹」碑のほか、八王子城跡にも同様の植樹碑が建立されています。記念碑では、加住村の梅坪の天神神社に「皇威便現」という碑が残っています。

IV. 太平洋戦争

太平洋戦争の開始と戦局の転換

　1941（昭和16）年12月8日、日本はアメリカ・イギリスに宣戦布告し、太平洋戦争が始まりました。当時の政府はこれを「大東亜戦争」と名付け、開始から半年間で日本軍は東南アジアから太平洋の広大な地域を支配しました。しかし、翌年6月5日のミッドウェー海戦で敗北すると、戦局はわずか半年で悪化し始めました。アメリカ軍は反抗に転じ、激しい攻防ののち、日本軍はガダルカナル島から撤退するなど、日本の支配地域は急速に縮小しました。

　1944（昭和19）年7月にはマリアナ諸島のサイパン島、グアム島、テニアン島が陥落して本土空襲が現実化、東条英機首相は退陣しました。アメリカ軍は、これらの島々に飛行場を整備して超大型の戦略爆撃機B29を配備し、本土空襲に向けて準備を進めていきました。

　一方で、アメリカ軍は太平洋の島伝いに西進、北上してフィリピンに達しました。10月のレイテ沖海戦では、日本の連合艦隊は空母と大半の戦闘機を失い、日本軍は上陸したアメリカ軍と激烈な地上戦を繰り広げました。太平洋戦争でもっとも多くの戦死者を出したのは、中国戦線ではなく、この時期のフィリピンでの戦いでした。

戦跡を残した疎開・空襲

　こうした戦局の悪化にともなって、政府は1944（昭和19）年以降、急いで疎開を進めました。現在も八王子に残る戦跡の多くは、この時期からの疎開と空襲によるものです。

　疎開とは、もともとは軍事用語で「敵の攻撃による被害を軽くするために軍隊を分散させる行動」という意味でした。それが転じて、「空襲に備えて、建物を壊して避難路を確保したり、工場、物資、高齢者、女性、子どもなどを地方に分散させる」という意味で使われるようになりました。それぞれ家屋疎開、工場疎開、物資疎開、人員疎開などと言われています。八王子は各種疎開の受け入れ先となりました。

学童集団疎開

　1944（昭和19）年７月のマリアナ諸島の陥落により、本土空襲が避けられなくなると、都内の国民学校初等科３年から６年の学童のうち、親戚などを頼って避難する縁故疎開ができない子どもたちを対象に、学校単位での区外への学童疎開が行われました。八王子には８月中旬から品川区の大井第一国民学校、浜川国民学校、立会国民学校、原国民学校、鮫浜国民学校の学童が、宿舎となる寺院、公会堂、公民館などに疎開してきました。（第２章各地域地図参照）

　学童たちは、ここから指定された国民学校に通って授業を受けました。保護者と離れて集団生活をする寂しさ、いじめ、不衛生、食べ物不足などを強いられ、苦しい生活をしなければなりませんでした。さらに空襲の恐怖にもさらされ、元八王子村では原国民学校４年生の神尾明治が、アメリカ陸軍戦闘機Ｐ51の銃撃で亡くなりました。彼の使っていたランドセルは相即寺地蔵堂の地蔵にかけられていて、「ランドセル地蔵」として知られています。

軍需工場の疎開 —— 浅川地下壕など

　八王子へのさまざまな疎開のうち、地域に大きな影響を与え、戦跡となったのが軍需工場の疎開でした。そのうち、最も大きいものが浅川地下壕です。

　1944（昭和19）年８月、陸軍東部軍は浅川町に「浅川地下倉庫」（いわゆる浅川地下壕）、長野県松代町に政府機関や大本営などを疎開先にするための地下施設（いわゆる松代大本営）の建設を決定しました。

　東高尾山稜のすそ野に計画された浅川地下壕は、９月初めに工事を準備し、下旬には佐藤工業とその配下の朝鮮人労働者約500名（家族を含め

中島飛行機浅川工場の地上施設（1945年９月14日）

ると1500人）による削岩機とダイナマイトを使った掘削工事が始まりました。

　工事が進む11月24日、マリアナ諸島からB29による本土への本格的な空襲が、武蔵野町の中島飛行機武蔵製作所に対して行われました。その後も続いた空襲に、武蔵製作所は疎開先を探し、掘削中の浅川地下壕を疎開工場とすることになりました。1945（昭和20）年２月には当初進めていた地下壕の掘削工事（イ地区）が竣工し、地下工場にするための拡張工事と、新しく金比羅山と初沢山のすそ野の２カ所（それぞれロ地区、ハ地区）への工事も始まります。結局、イ地区は７月ごろから工場として使われたものの、ロ地区、ハ地区は敗戦までに完成しませんでした。

　1945（昭和20）年春ごろ、川口村には相模海軍工廠南多摩分廠、由井村には地上と地下工場からなる三鷹航空機小比企工場の新設が始まりました。同じころ、本土決戦に向けての準備が、神奈川県相模原台地でも進められました。由井村片倉車石の壕（弾薬庫といわれています）、梅洞寺下の壕（医薬品を収納していました）、砂山の壕（戦車などの部品を収納していたといわれています）の建設については、その関連性が指摘されています。これら４カ所の壕のうち、現在も入口を確認できるのは砂山の壕のみです。

八王子空襲① ── 小型機空襲

　1945（昭和20）年になると空襲も頻繁になります。八王子は２月から①艦載機とP51ムスタングという小型機による銃撃、②大型爆撃機B29による爆弾の投下、③同じくB29による焼夷弾の空襲にさらされます。

　人びとは防空壕を自宅の床下や近くの斜面に掘り、空襲警報が発令されるたびに高齢者、女性、子どもを中心に避難しました。いまでは埋められたり、崩れたりして、残っているものはわずかです。

飛行中のP51ムスタング

　艦載機やP51などの小型機は、飛行場を目標にしていましたが、鉄道、駅、大きな建物、そして人も狙って銃撃しました。７月８日には、元八王子村の隣保館に学童疎開中の神尾明治

がP51の銃撃で亡くなるなど犠牲者が出ました。相即寺の山門の扉やJR高尾駅の屋根の柱に当時の銃弾痕が残っています。また、八王子空襲から3日後の8月5日昼ごろ、中央本線湯の花トンネル東側出入り口で、新宿発長野行き419列車が4機編隊のP51の銃撃を受けました。52名が亡くなり、133名が負傷したこの空襲は、単独の列車への被害としては、日本で最大級のものでした。現場には慰霊の碑が建立され、毎年慰霊の集いが行われています。

八王子空襲② ── B29、250kg爆弾を投下

B29は4月4日深夜に加住村と川口村、さらに4月30日には由井村に250kg爆弾を投下しました。立川市の軍需工場を目標にしたものでしたが、たまたま飛行コースを外れて落としたようです。

4月4日、加住村梅坪では爆弾が西山家を直撃し、一家6人全員が亡くなりました。また、川口村犬目の山中にできた爆弾坑は、宅地化や農地化されず埋められなかったため、十数個のクレーターとなって姿をとどめています。

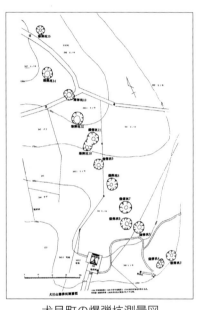

犬目町の爆弾坑測量図

八王子空襲③ ── B29、67万発の焼夷弾を投下

8月2日未明、八王子に169機のB29がマリアナ諸島のテニアン島から飛来し、約2時間にわたってM50という貫通力の強い焼夷弾を大量に投下しました。

当初、アメリカ軍は日本本土を空襲にするにあたって、航空機を生産する中島飛行機などの軍需工場を目標に爆弾を投下していましたが、1945（昭和20）年3月10日の東京大空襲から大都市への焼夷弾による絨毯爆撃（全てを焼き尽くして平らにしてしまうような爆撃）も始まりました。さらに空襲の対象を中小地方都市に広げ、180の都市のリストを作成し、6月から次々と空襲していきました。八王子は軍需工場に勤める人びとの住宅地であり、東日本の鉄道交通の要衝と見なされていた八王子駅があることなどから、水戸市（茨城県）、長岡市（新潟県）、富山市（富山県）とともに、こ

B29模型（八王子市郷土資料館蔵）

の日に空襲を受けたのでした。空襲は事前にラジオの短波放送とリーフレットの散布によって予告されていました。

その結果、犠牲者約450名、負傷者約2000名、市街地の80％が焼き払われました。周辺町村を含めた焼失家屋は1万4000戸以上、罹災者は約7万7000名という、八王子としては20世紀の最大の被害が出た出来事でした。市街地の遺体は大横町（おおよこちょう）の極楽寺（ごくらくじ）に運び込まれ、検死の後、遺族に返されました。ただ、50体は引き取り手がなく、まとめて荼毘（だび）に付され、市営緑町霊園の「戦災死没者之墓」に埋葬されました。

空襲後すぐに、市民は焼け残った木材やトタン板などを集めて作った簡易住宅（バラック）や防空壕、蔵などで生活を始めました。そして2週間後の8月15日正午、玉音（ぎょくおん）放送があり、ポツダム宣言の受諾（じゅだく）による戦争終結が伝えられました。間もなく灯火（とうか）管制（かんせい）も解除され、夜に電灯をつけることができるようになりました。

焼け野原となった八王子市のようすは9月にアメリカ軍、11月に斎藤五郎（さいとうごろう）が撮影した写真から知ることができます。戦後、八王子が復興していく中で、空襲の痕跡も次々となくなり、本書にあるような戦災樹木を中心とした戦跡が残るだけになりました。

八王子空襲3カ月後の市街中心部（1945年11月、斎藤五郎撮影、八王子市郷土資料館蔵）

Ⅴ．戦後の慰霊の動き

帰らぬ出征者たち

　戦後、焼け跡の片付けと生活の再建が進む中で、家族が待ち望んでいたのは、出征していった子や夫の帰還（復員）でした。しかし、その期待は裏切られていきます。

　1937（昭和12）年7月の日中戦争開始から1945（昭和20）年8月の敗戦までの8年間で、八王子から出征した兵士の総数、及び戦死者の総数は分かりません。富士森公園にある八王子市慰霊塔に収められている名簿には、戦災死没者を含めて3248名の名前があり、これが戦死者数に近いと思われます。

戦死者の公葬の禁止と墓碑の建立

　市役所、町村役場からの戦死の知らせ（公報）は、敗戦後も遺族のもとに続々と届きました。戦時中、遺族に届けられた遺骨は、戦後になると遺族みずからが都内のお寺などへ引き取りに行かねばならず、市町村による（準）公葬、追悼行事も禁止されました。

　敗戦から日本が独立した1952（昭和27）年ごろまで、戦死者の墓はあまり建てられませんでした。おそらく戦後の混乱期で、生活も苦しかったため、遺族に建てる余裕がなかったり、建てたとしても木柱など質素なものだったのでしょう。

　墓が建てられるのは、1950年代後半になってからです。公的な戦死者追悼行事の開始、町村による慰霊碑の建立などが行われるようになったことや、遺族年金の支給が始まったことが関係していたのかもしれません。ただ、日中戦争開始直後のような大きなものはなく、戒名が刻まれたものも現れます。このような墓の建立は1970年代で終わりました。

撤去された忠魂碑など

　当初、ＧＨＱは軍国主義の除去を日本占領の基本方針としており、政府からの指示

で軍国主義をあおったものとして忠魂碑、奉安殿、国旗掲揚塔は次々と撤去されました。八王子市は富士森公園内にあった「報國忠魂之碑」、1947（昭和22）年３月15日に石川町にあった旧小宮村の忠魂碑、元八王子村は1948（昭和23）年６月30日に村有地にあった忠魂碑を撤去しました。移動と破壊が求められましたが、碑の一部を削り取ったり、地中に埋めたりして済ませました。

　これ以外にも神社の名前を刻んだ石柱に社格「郷社」や「村社」があった場合、それをモルタルで埋めたりしました。国家神道は徹底的に排除されました。

追悼式の始まりと慰霊碑の建立

　1950年代になり、講和・独立への動きが起こり、戦没者追悼や遺族救済への関心が高まりました。八王子市では1951（昭和26）年に八王子市戦没者遺族厚生会が発足し、各町村でも遺族会が動き始めました。1952（昭和27）年５月２日、政府は新宿御苑で全国戦没者追悼式を行います。加住村は５月25日に、浅川町は５月27日に追悼式を行いました。八王子市も６月15日に市立第一小学校講堂で約1600名の遺族が出席して八王子市戦没者追悼式（この戦没者とは日中戦争開始以降の軍人・兵士・軍属の戦死者、戦災死者）を行いました。恩方村遺族会では、恩方中学校東側の忠魂碑前の広場を招魂場として、毎年招魂祭を挙行するとともに、やがて運営基金を整備するなどして継続的な開催を図っていきました。

　この時期に各町村や遺族会が積極的に取り組んだのが、慰霊碑の建立でした。1954（昭和29）年４月に建立された浅川町「殉国者銘誌」によれば、日本が独立すると「英霊合祀の声」が地元で盛んに起こったため、満州事変後からの戦死・戦傷病者190柱余りの氏名を刻んで、歴史に残そうとしました。ただ、軍国主義の復活という批判に配慮したのか「惟うに殉国者慰霊の真意は祖国の再建にあり　祖国の再建は永遠の平和にありと信ず」と結んでいます。

戦没者、戦災殉難者追悼式のようす

各町村では埋められたり一部を壊したりしていた忠魂碑を、もとの場所などに再建し、さらに太平洋戦争での戦没者の氏名などを刻んだ碑を新たに建立しました。ただ、八王子市は新たな碑を建立できず、由井村は既存の忠魂碑に氏名を追刻しただけで、新たな碑は建立しませんでした。

　八王子市は1955（昭和30）年4月、元八王子・恩方・川口・加住・横山・由井の各村を、1959（昭和34）年には浅川町を合併しました。そして1964（昭和39）年に由木村を合併して現在の八王子市域が形成されました。翌年、八王子市は、新市域の全戦没者を追悼するために八王子市慰霊塔を建立しました。高さが20mと大きさも概観も従来の忠魂碑とは全く違い、西南戦争から太平洋戦争までの戦没者、戦災死没者3209名（現在は3248名）を合祀し、10月8日に除幕式を兼ねた追悼式を行いました。

　八王子市は現在も、毎年春に八王子市戦没者、戦災殉難者追悼式を開催しています。

VI．戦争体験の記録・継承から戦跡の保存へ

戦争への注目 ── 八王子空襲体験記録の刊行と地下壕見学

　八王子空襲の市民の体験を記録し、残そうという動きは、1969（昭和44）年に多摩文化研究会が発行した『多摩文化』第21号の特集「八王子空襲体験記」に始まります。当時は戦争体験といえば、元兵士による戦場での戦闘体験が一般的で、八王子空襲のような一般市民の空襲体験を取り上げたことは画期的でした。さらに同会では戦争を伝える遺跡として浅川地下壕に注目し、同年8月20日に浅川地下壕の見学会を行い、新聞でも大きく報道されました。さらに5年後の1974（昭和49）年10月には、高尾史跡保存会が浅川地下壕を観光資源にしようと「元陸軍参謀本部用地下壕」という大きな看板を設置し、土日限定で有料公開しました。10月だけで1万人以上が訪れるほど大盛況でしたが、危険性を指摘する声があがり、間もなく中止されました。その前後には、壕内でマッシュルームの栽培が行われたこともありました。ただ、当時は戦争体験者も多く、まだたくさん残っていた戦跡を意図的に残そうという動きにはなりませんでした。

陸軍一等兵小塚金七の「戦死」の衝撃

　敗戦から四半世紀を経て、人びとが改めて戦争を思い知らされたのは、1972（昭和47）年10月19日に元八王子村出身陸軍一等兵、小塚金七がフィリピンのルバング島で地元警察との銃撃戦によって死亡したことでした。

　彼が生きているという情報は戦後３回あり、そのたびに救出活動が行われましたが、結局手がかりをつかめず、生存をあきらめた父親は1961（昭和36）年に彼の墓を建てました。しかし、彼はそれから10年以上も小野田寛郎少尉と２人で、"戦中"を生きていたのでした。東南アジアのジャングルに残留していた日本兵の情報がなくなる中、彼の"戦死"はマスコミで大々的に報道され、大きな衝撃を与えました。残った小野田も1974（昭和49）年に投降しました。同年に開館した八王子市郷土資料館は、第１回特別展として７月21日から８月18日まで「故小塚金七遺品展」を開催するなど、全国各地で小塚の遺品展が開催され、人びとは薄れていく戦争の"記憶"を呼び覚まされました。

『焼きつくされた街』── 市民による空襲・戦争体験の記録・継承へ

　敗戦後すぐに「平和を守る教育」を地域運動や教室での実践として進めてきた八王子市教職員組合では、1973（昭和48）年度に八王子空襲の体験を子どもたちに語りつぐ「八王子空襲を記録する運動」に取り組みました。同年８月１日、作家早乙女勝元を講師にした市民集会を八王子市民会館で開き、翌年にはこの講演録と市民の体験記をまとめて『焼きつくされた街 ── 八王子空襲の記録 ──』を出版しました。同じような運動は全国各地で高まっており、創価学会青年部反戦出版委員会も『炎の桑都 ── 八王子空襲の記録 ──』（1976年）を刊行しました。

　これらは、八王子空襲の体験を中心に、各種

団体が体験記を募集、あるいは聞き書きをし、本にまとめて後世に継承するという動きでした。こうした背景には、当時の小中学校の児童・生徒の保護者の、子どものころの空襲、疎開、食糧難、戦後の生活難などのつらい戦争・戦後体験を伝え、繰り返させたくないという思いもありました。

八王子空襲を記録する会と『八王子の空襲と戦災の記録』の刊行

　戦後35年を迎えようとしていた1979（昭和54）年7月21日、後にアメリカ軍資料解読や中小都市空襲研究に先駆的役割を果たした奥住<ruby>喜重<rt>よししげ</rt></ruby>らを中心に、八王子空襲を記録する会が発足し、翌年には体験記集『盆地は火の海 ── 八王子大空襲体験記録 ── 』を刊行しました。そして八王子空襲の体験記を公的に編集、刊行を求める<ruby>陳情<rt>ちんじょう</rt></ruby>を八王子市長・市議会に提出し、採択されました。1981（昭和56）年4月から編さんが始まった『八王子の空襲と戦災の記録』は、4年後の1985（昭和60）年3月に完成します。この記録は、市民から募集した八王子空襲の体験記と当時の市民の日記をまとめた「市民の記録編」、戦災死者の名前と状況を遺族や関係者から聞き取って明らかにし、戦時下の市民生活も加えて記述した「総説編」、さらにアメリカ軍資料を翻訳し、行政資料もまとめた「資料編」の3冊からなっています。また、当時は残っていた戦跡も調査しており、八王子空襲と戦時下を知る上で総合的で、基本的な本になりました。戦災を受けた一般市民には、兵士や軍人遺族のような国からの補償がなく、国や東京都は戦災死者の名前を調査していませんでした。八王子市は、それらを大切なものと考え、この本を編さんしたのです。

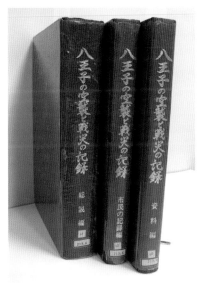

　また、八王子市では1986（昭和61）年から現在に

至るまで毎年夏に実行委員会形式で「平和展」を開催して、広く市民に戦争の悲惨さと平和の尊さを伝える取り組みを続けています。

八王子の発展と大学の移転

　1970年代半ば以降、八王子市は大きく変わっていきました。地場産業だった織物業は、1960年代後半に最盛期を迎えた後、急速に衰退していました。このようにまちのようすが変わるのに伴い、空襲から復興した旧市街地にかろうじて残っていた戦争の痕は次々に消えていきました。やがて多くの大学が都心から移転し、「学園都市」と呼ばれるようになります。

　同じ時期に、霊園も丘陵地に造成され、寺院も墓地の経営に乗り出すようになります。こうした場所には原爆で亡くなった方の墓や満蒙開拓団で悲惨な最期を遂げた方の追悼碑などが建立されました。また、高尾山には戦友会、軍関係学校などの追悼碑が建立されました。

体験の継承から戦跡の保存・活用へ

　戦争に関する遺跡を調査、記録し、保存を求める動きは1980年代に始まりました。90年代に入り、戦後50年が近づくと、ますます戦争体験者が減るという状況の中で、戦争を知ることができるのは、“ひと”から“もの”へと移っていきます。そこで、戦跡を保存しようとする動きが全国各地で見られるようになりました。

　このころに破壊の危機に直面している戦争遺跡として注目されたのが、浅川地下壕でした。ロ地区のある金比羅山を崩し、学校を移転させる計画が浮上したところ、地元で反対運動が起こり、1990（平成2）年には「八王子の地下壕問題を考える会」が「浅川地下壕の保存と平和資料館建設に関する請願」を市議会に提

出し、採択されました。地元、市立浅川小学校でも1991（平成３）年11月に「浅川地下壕物語」を上演、1993（平成５）年には都立館高校フィールドワーククラブがイ地区の詳細な測量調査を行いました。こうした中で、学校移転計画も撤回されました。1997（平成９）年には「浅川地下壕の保存をすすめる会」が結成され、浅川地下壕の保存と公開を求めつつ、それ以外の戦跡の調査にも取り組み始めました。

　2000（平成12）年ごろからは全国各地で戦跡に関するブックレットが盛んに発行されるようになりました。

　また、空襲体験を中心にした戦争体験を映像として残し、末永く若者に伝えようという動きも始まりました。中央大学の松野良一ゼミでは、2004年から戦争体験者の証言や各地の戦跡を紹介する映像を製作してきました。これらは「多摩探検隊」としてシリーズ化されています。

　地方自治体でも町歩きに活用してもらおうと「平和マップ」や「戦跡マップ」を作成して、市民が地域に残る戦跡をめぐることができるように取り組むようになりました。八王子市でも総務部総務課が2018（平成30）年に「八王子戦跡マップ」を編集し、平和展などで配布しました。

お わ り に

　2020（令和２）年は太平洋戦争終結から75年目の節目の年です。70年が経つと、その時代の証言者がいなくなると言われています。戦跡は日々の暮らしの中に埋もれていて、自分からは語りません。けれども、改めて気づいて調べてみると、そこに込められた戦争のようすや悲惨さを教えてくれます。第２章では、八王子の戦跡について、どこにどのような戦跡があるのか、詳細に掲載しています。その１つ１つが語る戦争の意味について学んでみましょう。

世界連邦平和都市宣言

宣言文
八王子市は戦争放棄を憲法に明記した日本国民の立
場から、世界の恒久平和を実現し人類の福祉の増進
を目的とした世界連邦建設の趣旨に賛同する。
今日人類の生存を脅かしつつある爆発的人口増加、
食糧・資源の枯渇、環境破壊等は、武力による支配
を法の秩序におきかえた戦争のない世界平和機構に
よってのみ解決し得るとの認識に立って、他の宣言
諸都市とともに相携えて人類永遠の平和の確立に努
力する。
右宣言する。

（原文縦書き）

　世界の恒久平和を目指し、地球規模の問題を解決する世界連邦建設の趣旨に賛同
するため、1973（昭和53）年12月21日に八王子市議会で議決されました。写真は八
王子駅南口前広場にある「世界連邦平和都市宣言」記念碑です。

第 2 章

各地域の戦跡紹介

第2章の使い方)))

　本章では、八王子市内の戦跡のある場所、戦争にまつわる場所などを詳細に紹介しています。旧市町村の区域を元に市内を5つの地域に分け、それぞれの範囲内にある戦跡をピックアップし、出来事が起きた順に並べています。

　ここでは市内で「戦争」に触れることのできる場所を、可能な限り掲載していますので、まずは身近にある戦跡を訪れてみてください。

※紹介している場所の中には個人の敷地やふだん公開していない場所も含まれます。事前に許可を得る必要がある場所もありますので、ご注意ください。

※残念ながら取材で確認できなかったり、本書への掲載の許諾を得られなかったりして、紹介できなかった戦跡もあります。

○地図の説明

地域名
市内を便宜的に5つの地域に分けています（かつての旧市町村の位置とは必ずしも一致していません）

戦跡のある場所
戦跡を時系列で並べて番号をつけ、本文や年表と対応させています

八王子・小宮地域

① 小宮村忠魂碑 　⑫ 荒物加島屋
② 石川町忠霊塔 　⑬ 金剛院
③ 市営緑町霊園 　⑭ 旧市民会館跡地
④ 市立第八小学校 　⑮ 法蓮寺
⑤ 了法寺 　⑯ 市立第二小学校
⑥ 多摩少年院 　⑰ 市立第七小学校
⑦ 大和田橋 　⑱ 国道20号（甲州街道）
⑧ 都立南多摩中等教育学校 　⑲ 追分交差点
⑨ 子安神社 　⑳ 喜久屋
⑩ 八幡八雲神社 　㉑ 御嶽神社
⑪ 傳法院 　㉒ 西蓮寺

◆…学童疎開場所　　★…その他
Ａ 龍光寺　　　　　イ 八王子市郷土資料館
▲…二宮尊徳像　　　ロ 八王子市中央図書館
ａ 八王子市郷土資料館　　ハ 八王子平和・原爆資
ｂ 宗格院　　　　　　　　　料館
ｃ 市立第二小学校　　　ニ 世界連邦平和都市
　　　　　　　　　　　　宣言記念碑

地図は2015年時点のものを使用しているため、現在の名称と異なる箇所があります

その他戦跡
◆＝学童疎開を受け入れていた場所（現存しない場所も含む）
▲＝二宮尊徳像のある場所
★＝戦跡について学べる場所など、その他戦争にゆかりのある場所

○本文の説明

戦跡名

ロゴ ※[碑]＝碑、[焼け跡]＝焼け跡、[防空壕]＝防空壕、[その他]＝その他
その場所にある戦跡がどのような種類のものかをロゴで表示しています

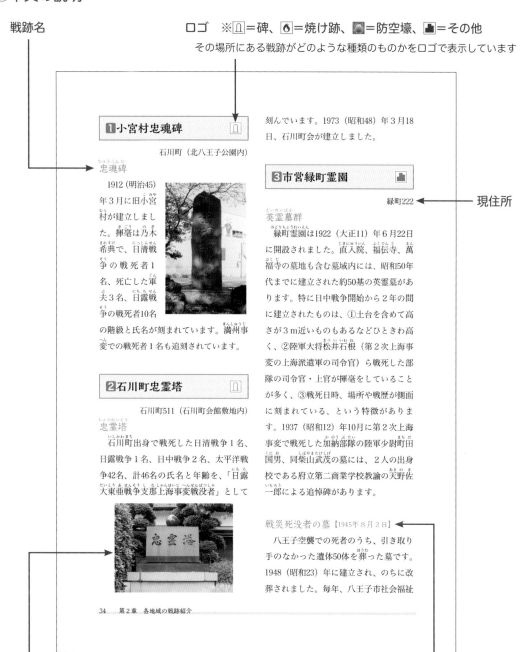

１ 小宮村忠魂碑 [碑]

石川町（北八王子公園内）

ちゅうこんひ
忠魂碑

1912（明治45）年３月に旧小宮村が建立しました。揮毫は乃木希典で、日清戦争の戦死者１名、死亡した軍夫３名、日露戦争の戦死者10名の階級と氏名が刻まれています。満州事変での戦死者１名も追刻されています。

２ 石川町忠霊塔 [碑]

石川町511（石川町会館敷地内）

ちゅうれいとう
忠霊塔

石川町出身で戦死した日清戦争１名、日露戦争１名、日中戦争２名、太平洋戦争42名、計46名の氏名と年齢を、「日露大東亜戦争支那上海事変戦没者」として

刻んでいます。1973（昭和148）年３月18日、石川町会が建立しました。

３ 市営緑町霊園 [その他]

緑町222 ← 現住所

えいれいぼぐん
英霊墓群

緑町霊園は1922（大正11）年６月22日に開設されました。直入院、福伝寺、萬福寺の墓地も含む墓域内には、昭和50年代までに建立された約50基の英霊墓があります。特に日中戦争開始から２年の間に建立されたものは、①土台を含めて高さが３m近いものもあるなどひときわ高く、②陸軍大将松井石根（第２次上海事変の上海派遣軍の司令官）ら戦死した部隊の司令官・上官が揮毫をしていることが多く、③戦死日時、場所や戦歴が側面に刻まれている、という特徴があります。1937（昭和12）年10月に第２次上海事変で戦死した加納部隊の陸軍少尉町田国男、同柴山武茂の墓には、２人の出身校である府立第二商業学校教諭の天野佐一郎による追悼碑があります。

戦災死没者の墓【1945年８月２日】

八王子空襲での死者のうち、引き取り手のなかった遺体50体を葬った墓です。1948（昭和23）年に建立され、のちに改葬されました。毎年、八王子市社会福祉

34　第２章　各地域の戦跡紹介

戦跡写真
都合上、最新のものではなく、少し前に撮影した写真を掲載しているものもあります。

対象となる年月日
いくつもの時期にかかわるものや曖昧なものは掲載していません

八王子・小宮地域

八王子市

道の駅
左入町
尾崎町
宇津木町
久保山町
久保山町
小宮町
小宮駅

石川町
石川町
石川町

大谷町
石川町
コニカミノルタ工場
日野台

富士見町
大和田町
大和田町
北八王子駅
コニカミノルタ工場

大和田町（六）
大和田町（五）
大和田町（四）
大和田町（三）
大和田町（二）
高倉町
大和田町（一）
旭が丘（二）

新町
明神町
大和田橋
大和田町（三）
旭が丘（六）
旭が丘（五）
首都大
旭が丘

明神町（一）
旭が丘（五）
旭が丘（三）
日野市

京王八王子駅
明神町（二）
西平山
旭が丘（四）

子安町
明神町（三）
明神町
旭町
子安町
子安町
北野町

◆…学童疎開場所　　　　★…その他
A 龍光寺　　　　　　　　イ 八王子市郷土資料館
　　　　　　　　　　　　ロ 八王子市中央図書館
　　　　　　　　　　　　ハ 八王子平和・原爆資
▲…二宮尊徳像　　　　　　料館
a 八王子市郷土資料館　　ニ 世界連邦平和都市
b 宗格院　　　　　　　　　宣言記念碑
c 市立第二小学校

❶小宮村忠魂碑

石川町（北八王子公園内）

忠魂碑
<small>ちゅうこんひ</small>

1912（明治45）年３月に旧小宮村が建立しました。揮毫は乃木希典で、日清戦争の戦死者１名、死亡した軍夫３名、日露戦争の戦死者10名の階級と氏名が刻まれています。満州事変での戦死者１名も追刻されています。

❷石川町忠霊塔

石川町511（石川町会館敷地内）

忠霊塔
<small>ちゅうれいとう</small>

石川町出身で戦死した日清戦争１名、日露戦争１名、日中戦争２名、太平洋戦争42名、計46名の氏名と年齢を、「日露大東亜戦争支那上海事変戦没者」として

刻んでいます。1973（昭和48）年３月18日、石川町会が建立しました。

❸市営緑町霊園

緑町222

英霊墓群
<small>えいれいばか</small>

緑町霊園は1922（大正11）年６月22日に開設されました。直入院、福伝寺、萬福寺の墓地も含む墓域内には、昭和50年代までに建立された約50基の英霊墓があります。特に日中戦争開始から２年の間に建立されたものは、①土台を含めて高さが３ｍ近いものもあるなどひときわ高く、②陸軍大将松井石根（第２次上海事変の上海派遣軍の司令官）ら戦死した部隊の司令官・上官が揮毫をしていることが多く、③戦死日時、場所や戦歴が側面に刻まれている、という特徴があります。1937（昭和12）年10月に第２次上海事変で戦死した加納部隊の陸軍少尉町田国男、同柴山武茂の墓には、２人の出身校である府立第二商業学校教諭の天野佐一郎による追悼碑があります。

戦災死没者の墓【1945年８月２日】

八王子空襲での死者のうち、引き取り手のなかった遺体50体を葬った墓です。1948（昭和23）年に建立され、のちに改葬されました。毎年、八王子市社会福祉

協議会とシニア
クラブ連合会が
法要を行ってい
ます。

4 市立第八小学校

石川町2065

青い目の人形【1927年】

1927（昭和2）
年、日米親善の
使者としてアメ
リカから日本各
地の小学校や幼
稚園に贈られま
した。市内では、
八王子幼稚園、
恩方第一小学校、川口小学校、浅川小学
校などにも贈られましたが、現存するの
は第八小学校のメアリーちゃんのみで
す。同校はホームページ上で「百年桜と
青い目の人形の学校」として紹介してい
ます。

5 了法寺

日吉町2-1

和智昭元の英霊墓【1937年10月11日】

第2次上海事
変中の1937（昭
和12）年10月11
日、上海近郊で
戦死した陸軍少
尉（没後、中尉
に昇進）和智昭
元の墓。小宮町
第二尋常小学校（現・市立第九小学校）
の訓導（先生）だった和智は、8月25日
に召集され、上海に派遣された第101連
隊本部（本部長は加納治雄大佐、いわゆ
る加納部隊）の副官となりました。しか
し、上海近郊の本部に迫撃砲弾が直撃
し、加納大佐とともに死亡しました。12
月6日の遺骨の帰還にあたっては全市に
弔旗が掲げられ、市民がこぞって出迎え
たといいます。軍国美談「加納部隊」の
1人として、小説、歌舞伎などでも取り
上げられました。建立は1938（昭和13）
年10月です。

⑥多摩少年院

📍

緑町670

忠魂碑

1940（昭和15）年4月15日に起工式を行い、職員と在院生たちの整地作業などにより、9月下旬に完成しました。高さ3m、幅1.5mの花崗岩（かこうがん）でできていて、10月19日午後に戦死者遺族、職員、在院生らが参加して序幕式を行いました。中国大陸で戦死した院の職員の長坂幸定陸軍衛生伍長、在院生2名の計3名のためのもので、揮毫は大日本忠霊塔顕彰会会長の菱刈隆（ひしかりたかし）陸軍中将です。ふだんは公開されていません。

かつて防空壕もありましたが、現在は確認できません。

⑦大和田橋

大和田町

焼夷弾痕（しょういだん）【1945年8月2日】

1927（昭和2）年に木製からコンクリート製に架け替えられましたが、大水によって橋脚がえぐられ、通行に支障が出ました。1938（昭和13）年3月17日に改修工事を起工（きこう）、全長121m、幅員18mのラーメン式鉄筋コンクリート製の橋として、1941（昭和16）年1月25日に開通式が行われました。空襲では市民が橋の下に避難しました。1997（平成9）年の改修工事にあたり、八王子空襲の焼夷弾でえぐられたように削られた歩道に残る17カ所のうち、15カ所を色タイルで示しました。上下歩道上の各1カ所については透明板で覆われた焼夷弾跡（おお）を見ることができます。焼夷弾の痕が残る橋は全国的に珍しく、説明板が橋のたもとの4カ所に設置されています。

⑧都立南多摩中等教育学校

明神町4-20-1

戦災樹木（クスノキ）

【1945年8月2日】

八王子空襲で都立第四高等女学校（現・都立南多摩（みなみた）中等教育学校）は全焼しました。校庭のクスノキも焼けたので

すが、翌年になると芽を吹き出し、成長しつづけて、現在の巨木となりました。中等教育学校の成長のシンボルとなっています。2010年（平成22）に同窓会のあかね会が説明板を設置しました。

9 子安神社

明神町4-10-3

戦災樹木（ケヤキ）【1945年8月2日】

　八王子最古の神社である同社は、八王子空襲で社殿のみ焼失しましたが、社務所、土蔵造りの金刀比羅神社（こんぴらじんじゃ）（江戸時代創建の建物）は焼け残りました。境内（けいだい）にあった数本のケヤキも樹皮が類焼（るいしょう）（よそから燃え移って焼けること）しましたが、枯れずに成長しました。なお、社殿は、戦後初めて輸入された台湾（たいわん）ヒノキによって再建されています。

10 八幡八雲神社

元横山町2-15-27

戦災樹木（ケヤキ）【1945年8月2日】

　同社は旧八王子市域にある鎮守（ちんじゅ）のうちの1つでした。境内にはケヤキやイチョウの大木が繁り「天王森（てんのうもり）」といわれ、夏に

は妙薬寺（みょうやくじ）と同じように涼を求める人びとが集まりました。八王子空襲では、多くの市民が大木の周りに集まって火災を避け、命拾いをしました。社殿、社務所は焼けましたが、神楽殿（かぐらでん）とともにこの神木のケヤキが焼け残りました。戦後、境内の一部と、境内南側の通りを西へ小谷横（こたに）丁まで闇市（やみいち）ができました。

11 傳法院

南新町4

戦災で焼けた塀【1945年8月2日】

　南新町（みなみしんちょう）のお不動様で知られていました。八王子空襲で焼失し、付近では多くの人が焼死しました。南側の石塀（いしべい）には、周囲の焼ける家屋からの火炎にあぶられた痕が黒く残っています。

⓬荒物加島屋

八幡町11-6

焼夷弾による焼け跡【1945年8月2日】

　建物は明治期からあるのですが、関東大震災後に外壁をコンクリートで固めたこと、丈夫なケヤキの芯を柱としたこと、空襲後に上から水を流し続けたことなどから、一部の補修だけで建物が焼け残りました。現在も入口右上にはしっかりとした焼け跡があるほか、入口付近の天井には黒く焼けた跡がついています。

⓭金剛院

上野町39-2

戦災樹木（ケヤキ）【1945年8月2日】

　八王子空襲で寺の建物は全焼、正門北側のケヤキは、その際に炎を浴びて樹皮が類焼しました。

慰霊碑

　2015（平成27）年8月、戦後70年を機に金剛院が檀家の戦死者を調査し、「第二次世界大戦戦没者慰霊供養」塔を建立しました。塔の左脇に5基の英霊墓を集め、供養塔誌には63名の氏名、死亡年月日などを刻んでいます。

ⓐ旧市民会館跡地 🔥

上野町

戦災樹木（ケヤキ）【1945年8月2日】

　かつてここには都立第二商業学校があり、八王子空襲で正門近くにあった小さな門衛所を除いて全焼しました。ケヤキの西側に焼痕があり、校舎焼失の炎を浴びてできたものと推定されます。

ⓑ法蓮寺 🔥

上野町11-10

戦災樹木（カキ）【1945年8月2日】

　1993（平成5）年に切られてしまったカキの木ですが、一部を切り取り「……戦災で半身（皮）焼失、四十六年間で焦面を包み込む生命力……」との札が付けられて、本堂の脇に置かれています。

ⓒ市立第二小学校 🔥

八木町7-1

戦災樹木（イチョウ）【1945年8月2日】

　校地の南側にあるイチョウは、校舎の炎によって樹皮が焼けたものの、枯れずに成長しました。校歌の2番に「焼けても芽を出す　いちょうのように」とあり、同校の成長のシンボルとして、説明板も設置されています。

ⓓ市立第七小学校 🔥

台町4-2-1

戦災樹木（クワ）【1945年8月2日】

　八王子空襲により、第七小学校も図工室を残して校舎すべてが焼けてしまいました。山桑に残る傷痕は、そのときの炎によってできたものです。2006（平成18）年に現在の新校舎が落成し、正門近くの

地に山桑が移植されました。近くには、その経緯を生徒が書いた「山桑の記」という小さな看板が立っています。

⑱国道20号（甲州街道）🔥

追分町、千人町、並木町

戦災樹木（イチョウ並木）

【1945年8月2日】

国道20号の追分交差点から千人町交差点までのイチョウ並木のうち、約20本に残る八王子空襲での焼痕。焼ける家の火炎で樹皮が類焼し、樹木部がむき出しとなりました。樹木の成長に伴い、樹皮が覆ってきましたが、覆われない部分が縦に残っています。なお、腐食防止のためにウレタン状の物質が吹き付けてあるものもあります。また、並木町のイチョウにも焼け跡が残るものが道の両側に各1本あります。

⑲追分交差点 🔥

追分町

折れた道標【1945年8月2日】

八王子空襲で4つに折れたとされる江戸時代に作られた案内碑。「右　あんげ道」「左　甲州道中高尾山道」と刻まれています。もともとは別の場所にあったのですが、2013（平成25）年に移築されました。

⑳喜久屋 🔥

中町9-11

戦災招き猫

西放射線ユーロード沿いにある仏壇販売店喜久屋の店先には、「八王子空襲をくぐり抜けてきた強運招き猫」というポスターが貼られ、一部がすすけ、焦げた痕の残る大きめの招き猫が置かれています。これは初代店主

が、空襲による被害で商売を辞める知人から買い取った蔵の中にあったもので、残る焦痕は蒸し焼き状態だった蔵の中で付いたようです。買い取られて以来、家業と八王子の変貌を見守りつづけています。

21 御嶽神社

石川町1

独立記念拝殿大改築之碑【1952年】

　日本が占領から独立した1952（昭和27）年に行われた拝殿の大改築を記念し、同年7月に建立された碑。同社は村社で、「独立記念」と刻まれた碑は、八王子ではこの碑のみです。

22 西蓮寺

石川町13

「大東亜戦没者招魂碑」

　1984（昭和59）年の弘法大師遠忌1150年を記念して建立。揮毫は第26世権大僧正三喜。建立時の住職、犬山三喜は、在郷軍人を警備召集して編成された第

63363警備隊の隊長として、矢野学園（現八王子実践高校）に勤務し、府立第四高等女学校（現南多摩中等教育学校）で指

揮をとっていました。本堂内には、「戦没者英霊供養」として、檀家のなかで戦死された方の遺影を祀っています。

八王子
有数の戦跡
スポット

富士森公園

台町2-2

西南戦争・日清戦争戦没軍人・兵士の碑

南多摩郡出身で西南戦争(せいなんせんそう)で戦死した4名、日清戦争で戦死、戦病死した34名の階級・氏名を刻んでいます。1896（明治29）年に建立。円筒形の「報國忠魂之碑」（「忠魂銅碑」）も建立されましたが、現存しません。

日清戦争従軍軍夫の碑

日清戦争中、朝鮮半島から山東半島(さんとうはんとう)、台湾(たいわん)の澎湖諸島(ほうこしょとう)などで軍事物資、食糧などの輸送にあたり、病死した南多摩郡出身の軍夫の追悼碑。戦死した兵士の忠魂碑と同じ1896（明治29）年に建立されました。

日露戦争忠死者の碑

日露戦争で戦死した南多摩郡出身兵士214名の階級、氏名を刻んでいます。碑銘は「尽忠无窮(じんちゅうむきゅう)」で、1906（明治39）年11月、南多摩郡各町村が建立。揮毫は大山巌元帥(おおやまいわおげんすい)。碑の上部右側には打ち欠いた部分をボルトで接合した箇所があります。戦後、占領軍の方針で壊し、独立後に修繕したと推定されます。

石灯籠

1906（明治39）年11月、日露戦争の「尽忠无窮」碑の建立に合わせて、在郷軍人会八王子市連合分会が寄贈したもの。もとは、御所水通(ごしょみず)りから階段を上がった両側にありましたが、八王子市慰霊塔周辺の整備によって現在地に移されました。

北清事変・第一次世界大戦・満州事変等戦死者の碑

1935（昭和10）年3月建立。南多摩郡出身の兵士で、戦死した北清事変の2名、第1次世界大戦の6名、満州事変の5名、韓国と台湾での任務中の死亡2名の慰霊碑です。

八王子市慰霊塔

1965（昭和40）年10月、由木村の合併により現八王子市が成立したことを受けて、旧市町村すべての戦死者、戦災死者を統合して慰霊するため八王子市が建立。高さ約20ｍ、西南戦争から太平洋戦争までの3248名を氏名を収めています。同年10月8日に除幕式が挙行されました。

八王子海軍わだつみ会記念樹の碑

1966（昭和41）年4月15日建立。八王子海軍わだつみ会が、同公園内に記念樹を植える際に建てた石碑です。

平和の像

八王子市は1982（昭和57）年6月29日に非核平和都市宣言をしています（p82参照）。その10周年にあたり、恒久平和を願う市民の平和の象徴として1993（平成5）年1月に建立されました。

富士森公園に
あるさまざまな
戦跡

石灯籠

西南戦争・日清戦争戦没
軍人・兵士の碑

八王子市慰霊塔

日清戦争従軍軍夫の碑

日露戦争忠死者の碑

北清事変・第一次世界大戦・
満州事変等戦死者の碑

八王子海軍わだつみ会
記念樹の碑

富士森公園案内図

アクセス
◆JR八王子駅南口から東京家政学院、法政大学行きバスなどで約10分
「富士森公園」バス停下車
◆JR西八王子駅南口から徒歩約20分

富士森公園通り

至JR西八王子駅

至JR八王子駅

クーバーフットボールパーク

こども広場

東京フットボールセンター
八王子富士森競技場
（陸上競技場）

駐車場

テニスコート

富士森公園

だんだん広場

平和の像

ダイワハウス
スタジアム八王子
（野球場）

広場

浅間神社

○西南戦争・日清戦争戦没軍人・
　兵士の碑
○日清戦争従軍軍夫の碑
○日露戦争戦死者の碑
○北清事変・第一次世界大戦・
　満州事変等戦死者の碑

石灯籠

富士森体育館

駐車場

市民体育館

至京王線山田駅

八王子市慰霊塔

八王子海軍わだつみ会記念植樹の碑

横山・浅川地域

八王子市

◆…学童疎開場所　　Ｆ 高乗寺
Ａ 広園寺　　　　　Ｇ 薬王院
Ｂ 妙経寺
　（現在は移転）　　▲…二宮金次郎像
Ｃ 真覚寺　　　　　ａ 浅川小学校
Ｄ 龍見寺　　　　　ｂ みころも霊堂
Ｅ 浄泉寺

❶白山神社本殿

廿里町48-3

従軍記念碑
じゅうぐん

西南戦争（2
せいなんせんそう
名）、日清戦争
にっしんせんそう
（3名）、日露戦
にちろせん
争（10名）、第1
そう
次世界大戦（6
名）の従軍者の
氏名を記してい
ます。1930（昭
和5）年12月、八王子市従軍記念碑建設
会が建立しました。本宮の本殿北側にあ
ります。

❷浅川町慰霊碑

高尾町坊ヶ谷戸

表忠碑
ひょうちゅうひ

1910（明治43）
年9月29日に序
幕。揮毫は陸軍
きごう
大将乃木希典。
のぎまれすけ
日清戦争中、台
湾・澎湖諸島で
ほうこしょとう
戦病死した兵士
1名の氏名・部
隊名・階級・死亡年月日など、死亡した
軍夫4名の氏名、日露戦争で戦死・戦病
ぐんぷ

死した兵士5名の氏名・所属・階級・死
亡年月日などを刻んであります。また、
1908（明治41）年に韓国で戦死した兵士
1名、1935（昭和10）年、1939（昭和14）
年に戦死・戦病死した2名の氏名なども
追刻しています。

殉国者銘誌
じゅんこくしゃめいし

太平洋戦争で
亡くなった軍
人・兵士・軍属
200名の陸海軍
の別・階級・氏
名を刻んだ碑。
1954（昭和29）年
4月に表忠碑の
隣に浅川町によって建立されました。裏
あさかわまち
面には建立の経緯が刻まれ、日本の独立
とともに高まった慰霊碑建立の動きを知
いれいひ
ることができます。

❸横山村慰霊碑

散田町5-37（万葉公園内）

忠魂碑
ちゅうこんひ

1929（昭和4）年4月13日に横山村が建立。揮毫は陸軍大将一戸兵衛。裏面に「戦役従軍戦病没者」として、日清戦争で戦病

死した兵士2名の氏名・死亡場所・階級、軍夫2名の死亡場所・氏名など、日露戦争での戦死者・戦病死者8名の氏名・死亡場所・階級、「日独戦役」（第1次世界大戦）での戦死者1名、「南満州独立守備隊」で殉死した1名の氏名・死亡場所・階級を刻んでいます。

殉国乃碑
じゅんこくのひ

太平洋戦争での戦死者124名の陸海軍の別・階級・氏名が刻まれています。横山村が1953（昭和28）年10月に建立しました。

❹拓殖大学

館町815-1

烈士脇光三碑
れっしわきこうぞうひ

1904（明治37）年、日露戦争中に特別任務を帯びて中国で活動中に拘束され、死亡した同校第1期生の脇光三

（25歳）の顕彰碑。1931（昭和6）年4月23日に文京キャンパス内に建立され、1982（昭和57）年に八王子キャンパス内に移設されました。

拓殖招魂社
たくしょくしょうこんしゃ

同社は1933（昭和8）年に文京キャンパス内に造営され、敗戦後に占領軍の政策により取り壊されました。ただ、「拓殖招魂社」の扁額は廃棄されず、のちに学長室に置かれていました。八王子キャ

ンパス開設後の1980（昭和55）年、キャンパス内の扶桑ヶ丘に再建、遷座。第1期生・脇光三をはじめ、同校関係戦没者439柱（2017年現在）を合祀しています。なお、同キャンパス内にある拓魂碑は、戦没者以外の卒業生、教職員、在学生の物故者の霊を祀るためのものです。

5 御霊神社

館町1271

戦捷紀念碑

　日露戦争での勝利（戦捷）と兵士の働きをたたえた碑。表面の最上部には横書きで「戦捷紀念碑」とあり、篆刻は従軍布教使廣□原南□禅師。碑文は斯文学院長奥津廣で、日露戦争の経緯などとともに、横山村懇話会と出征兵士により建立された経緯などを記しています。裏面の上部には、碑の建立にあたり、寄附した兵士

22名の氏名や金額などを、下部には発起人の懇話会の会長、副会長、幹事14名の氏名を刻んでいます。

6 東浅川児童遊園

東浅川町21-1

慰霊碑

　1932（昭和7）年5月4日にこの地に墜落死した陸軍所沢飛行学校の陸軍航空兵曹長横山初次の追悼碑。祠の脇に「故陸軍航空兵曹長勲八等横山初次殉職之地」とあります。彼の妻の実家は浅川町だったこともあり、大騒ぎとなりました。満州事変中ですが、戦死ではなく事故による殉死です。

7 浅川地下壕

初沢町・高尾町

浅川地下壕・中島飛行機浅川地下工場跡【1944年9月～1945年8月】

　高尾町と初沢町の東高尾山稜（イ地区）、初沢町の金比羅山（ロ地区）、初沢城跡の西側（ハ地区）のすそ野、計3カ

所に残る地下壕。1944（昭和19）年夏ごろに陸軍東部軍が計画し、9月から「浅川地下倉庫」の名目で佐藤工業がイ地区の掘削を開始しました。掘削作業は削岩機とダイナマイトを使って、朝鮮人労働者約500名（家族を含めると1500名）によって進められました。同年末ごろには、使用目的が武蔵野町の中島飛行機武蔵製作所の疎開工場に変わり、45年春には新たに金比羅山（ロ地区）、初沢城跡（ハ地区）でも大倉土木配下の朝鮮人労働者約200名（独身者）が加わって掘削を開始し、地上工場も建てられました。7月ごろまでには約4000人の従業員と約300台の工作機械を疎開させて、工場として稼働しました。地下壕の断面は基本的に幅4m、高さ3mのかまぼこ状、坑道は障子の格子状をしており、全長は約10km。長野県の松代大本営と兄弟のような関係にあります。浅川地下壕の保存を進める会が月1回、壕内見学会を実施しています。

⑧高尾駒木野庭園

裏高尾町268-1

家庭用防空壕

　高尾駒木野庭園内の住宅の床下に残る家庭用の防空壕。壕内からトンネルが庭園外側の段丘に通じていて、外に出られるようになっていました。非公開です。

⑨興福寺

東浅川町754

戦没者慰霊碑

　日中戦争、太平洋戦争での戦没者の慰霊碑。碑の脇に戦没者26名の戒名、戦没年月日、俗名、年齢を刻す石碑があります。並木町の金子林造が納主となり、

1980（昭和55）年３月20日に建立されました。

⑩高尾駅

高尾町1201-2

高尾駅構内の銃弾痕【1945年】

駅の１、２番線ホームの屋根の鉄製支柱２カ所（31番と33番）に残る、アメリカ軍の戦闘機Ｐ51による機銃掃射の銃弾痕。1945（昭和20）年５月25日か７月８日のどちらかの銃撃で、銃弾が支柱を貫通しました。ＪＲ東日本により、銃弾痕の存在を示す看板が設置されています。

⑪金子商店

高尾町1655

戦災稲荷【1945年８月２日】

旧浅川町では、８月２日の八王子空襲で、甲州街道沿いの集落を中心に332世帯、194戸が焼失し、11名が亡くなりまし

た。川原の宿の金子宅も全焼しましたが、庭先にある祠（稲荷）は焼け残り、その焼痕を柱に残しています。ただ、位置は当時と異なります。

⑫東照寺

長房町1267

東幼平和観音と芳名碑
【1945年８月２日】

八王子空襲では横山村長房にあった東京陸軍幼年学校もほぼ全焼しました。生徒７名、教官２名、職員１名の計10名が亡く

なりました。この碑は、その供養のために、東京陸軍幼年学校旧職員生徒有志建立委員会によって1987（昭和62）年8月2日に建立されました。

⓭十二社 🔥

東浅川町656

<small>じゅうにしゃしんでん</small>
十二社神殿【1945年8月2日】

　八王子空襲でほぼ全焼した東京陸軍幼年学校で、かろうじて焼け残った雄健神社を戦後に移築したもの。公開されるのは祭礼の日に限られます。

⓮湯の花トンネル 🚇

裏高尾町荒井

<small>くようとう</small>
戦災死者供養塔【1945年8月5日】

　浅川町上長房青年団が中央本線419列車空襲での死没者の慰霊のために、日本占領下の1950（昭和25）年8月5日に建立しました。石は遺体を茶毘に付した日影沢から運んだもの。

　中央本線419列車空襲とは、1945（昭

和20）年8月5日、高尾山の北にある中央本線湯の花トンネル（全長約180m）で起きた列車銃撃空襲です。

　浅川駅（現・高尾駅）を発車した電気機関車が牽引する8両編成の新宿駅発長野行きの419列車が、発車して間もない午後0時20分ごろ、湯の花トンネルの東側出入り口で、4機のP51の銃撃を受けました。超満員だったこともあり、40名近くが即死、結果として52名が亡くなり、133名が負傷しました。しかし、収容先で亡くなった方、関連死を含めると、死者は60名以上と推定されます。

<small>いれい</small>
慰霊の碑【1945年8月5日】

　いのはなトンネル列車銃撃遭難者慰霊の会が、八王子南ロータリークラブの全面的支援により1992（平成4）年6月10

日に建立した慰霊碑。表面には追悼の言葉、名前の判明している死没者44名の氏名と年齢、裏面には建立の経緯を刻んでいます。

⓯荒井町会慰霊碑

裏高尾町荒井

戦死者供養塔

太平洋戦争中、裏高尾町荒井地区から出征し、戦死した陸海軍の兵士・軍属13名の供養のため、1980（昭和55）年に地区

として建立した供養塔。左右面、背面に戦死者の陸海軍別の階級・氏名・年齢が刻まれています。

⓰高尾山

高尾町

高尾山の慰霊碑群と歌碑

高尾山有喜苑の日泰親善高尾山仏舎利塔の北側に、4つの供養塔・慰霊碑と1体の観音像があります。

「望郷　シベリアに眠る抑留者供養碑」は、戦後、ソ連によるシベリア抑留により死亡した兵士の供養塔です。抑留者の1人で、八王子市消防団副団長を務めたこともある佐藤甲子雄が2010（平成22）年10月28日に建立しました。

「満蒙大陸林業人供養塔」は、満州・蒙古地方で国策としての林業に携わった人びとのうち、「物故者の英霊に供養を捧げ、

その冥福を祈るため」に、1974（昭和49）年6月に外林会満蒙部会が建立しました。

「観音像」は陸軍士官学校第六十一期の会が、戦後を生きた自分たちと比べて「若くして人生の大半を失われた方々の無念を思うとき、今は御霊の遺徳を偲び、追悼供養することが残った者の務めと考え」て、陸軍軍官学校第七期生会、陸軍経理学校第十期生会とともに建立しました。開眼は2003（平成15）年4月9日、説明板には建立の経緯とともに「みたまよ　やすらかに　ねむれ」とあります。

「硫黄島戦没者　慰霊碑」は、硫黄島協会が1971（昭和46）年4月18日に建立しました。「戦没者の供養と平和を祈念する」ため、慰霊碑を建立し、碑の下に戦没者の「舎利」を納めました。これらの慰霊碑などの中ではもっとも早く建立されました。1997（平成9）年5月24日には、「永代供養」（揮毫小泉純一郎）の

碑も建立されています。

4つの碑で最も大きいのが、1980（昭和55）年10月4日に建立された「支那駐屯歩兵第二聯隊　慰霊顕彰碑」です。同連隊の前身は支那駐屯軍司令部並天津駐屯歩兵隊（1900年北京議定書により駐屯開始）で、1936（昭和11）年4月18日に上海で改編して設けられました。武漢作戦、大陸打通作戦、湘桂作戦などに参加、中国で敗戦を迎えました。

参道の百八の石の階段を上り切り、権現茶屋までの山側は句碑・歌碑が続きます。この中に、八王子空襲から復興を遂げたことを詠んだ鈴木龍二の歌碑「あはれかの　八月二日　払暁の　面影遠く　街復興す」があります。鈴木龍二は多摩文化研究会を組織し、『多摩文化』を発行するなどの業績を残した戦後八王子の文化運動の中心人物です。

恩方・元八王子地域

八王子市

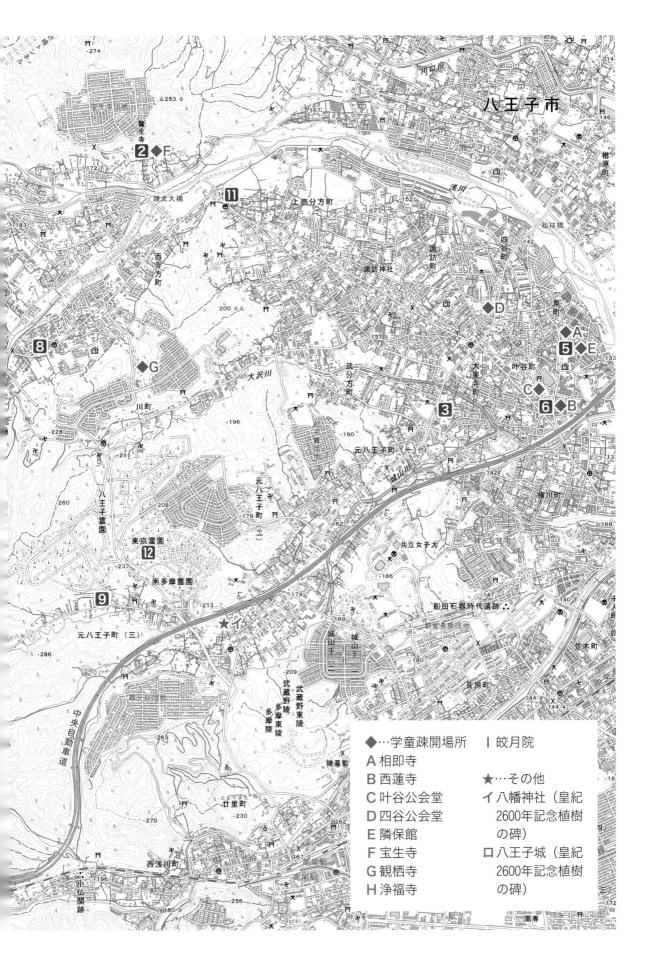

八王子市

◆…学童疎開場所　Ｉ皎月院
Ａ 相即寺
Ｂ 西蓮寺　　　　★…その他
Ｃ 叶谷公会堂
Ｄ 四谷公会堂　　イ八幡神社（皇紀
Ｅ 隣保館　　　　2600年記念植樹
Ｆ 宝生寺　　　　の碑）
Ｇ 観栖寺　　　　ロ八王子城（皇紀
Ｈ 浄福寺　　　　2600年記念植樹
　　　　　　　　の碑）

❶恩方村慰霊碑

上恩方町

忠魂碑
ちゅうこんひ

1920（大正9）年4月、帝国在郷軍人会恩方分会、恩方村青年団、恩方村一同が建立。揮毫は
おんがた おんがたむら
ざいごう
きごう

川村景明（陸軍大将）。西南戦争の戦病死者2名の階級と氏名、日露戦争の戦病死者12名の陸海軍別の階
かわむらかげあき
せいなんせん
そう
にちろ せんそう

級、氏名を刻んでいます。1948（昭和23）年6月8日、地中に埋めたのですが、講和条約発効後の1953（昭和28）年に掘り出して再建しました。再建にあたり、ノモンハン事件、日中戦争、太平洋戦争の戦死者と八王子空襲での戦災死没者計185柱を合祀しました。この碑を中心にした恩方村招魂場には、以下の碑が建てられました。
ごうし
しょうこん

恩方村殉国者芳名
じゅんこく ほうめい

忠魂碑の再建にあたり、合祀された185柱の氏名などが記されています。1953（昭和28）年5月、恩方村が建立しました。
ごうし

招魂祭資金募集記念碑

日本の占領終了後、恩方遺族会は毎年招魂祭を開催する資金として遺族などの賛助者158名から集めた合計42万6900円を郵

便貯金に貯金していました。その利子による運営可能になったことを記念して、1960（昭和35）年春に建立しました。
りし

建碑同士会之碑

遺族の1人の伊藤昌広は一族の墓、戦死者の碑を建て英霊を慰め、かつ子孫が参拝して「精神の作興に資すべき」という志を同じくする70余名で建碑同士会を結
いとうまさひろ
えいれい なぐさ
さっ
こう
こころざし

成。この会がいくつかの戦没者の碑を建てたので、会の活動を記念し、1960（昭和35）年春に建立しました。

恩方遺族会関係碑

「松崎六三郎翁頌徳碑」は遺族会会長を務めた彼の功績をたたえる碑で、1968（昭和43）年11月３日に建立。碑文は中村雨紅が書いたものです。すぐそばに、遺族会が建立した「皇孫殿下御誕生記念植樹」の碑もあります。

②宝生寺 ⚟

西寺方町998

戦没者慰霊碑

表面には「西南の役から大東亜戦争に至る殉国の英霊及び戦災殉難の霊をここに祀る」、裏面には「興教大師生誕九百年／世界大戦終戦五十年」（興教大使は真言宗の僧侶）とあり、碑の建立を援助した７人の名を刻んでいます。建立は1995（平成７）年８月です。

当山戦災七拾周年記念碑
【1945年８月２日】

宝生寺は八王子空襲で焼失しましたが、その70周年を記念して建立されたものです。

③元八王子村慰霊碑 ⚟ 🏯

弐分方町

忠魂碑

1932（昭和７）年４月、帝国在郷軍人会元八王子村分会を発起者として、元八

王子村が建立。揮毫は陸軍大将乃木希典（のぎまれすけ）です。当初は村内の諸事情から元八王子小学校校庭の角にあったのですが、1937（昭和12）年12月5日、約2000人が参列して、現在地で除幕式を行いました。日清戦争（にっしん）での戦死者1名の階級・氏名、軍夫2名の氏名、日露戦争の戦死者9名の階級・氏名、1918（大正7）年に火薬庫爆発で沈没した戦艦「河内」（かわち）の事故で殉難（じゅんなん）した1名の階級・氏名を刻んでいます。3つある碑の真ん中に立っています。

殉国乃碑

1953（昭和28）年5月10日、元八王子村助役村田利久（むらたとしひさ）が建立とあります。日中戦争、太平洋戦争での戦没者240名の陸海軍別の階級、氏名を刻んでいます。3つある碑の向かって右側に立っています。

殉国乃碑

1992（平成4）年10月10日、元八王子村慰霊碑移設実行委員会が、市立元八王子小学校方向を向いていた2つの碑と周辺を整備し、現在地に移設するにあたり建立しました。表面の上段には戦没者25名

の階級と氏名、下段には八王子空襲により亡くなった村民12名の氏名、裏面には実行委員の氏名などを刻んでいます。3つある碑のうち、道路側に立っています。

忠魂碑・殉国乃碑の周囲の石柱

慰霊碑のある敷地を囲む石柱の1つに「聖旨（せいし）奉戴（ほうたい）指定教化村（きょうかそん）指定記念」、もう1つには「元八王子村」と刻まれています。

元八王子村が1936（昭和11）年に指定教化村に指定されたことの記念で、元八王子村が「指定教化村」だったことを示す唯一のものです。

と撰書は斯文学院の奥津廣です。1905（明治38）年11月、小島竹が建立しました。

❹浄福寺　

下恩方町3259

忠誠碑【1904年11月】

日露戦争で1904（明治37）年11月に戦死した恩方村出身の陸軍歩兵上等兵山口新之助の追悼碑。表面の碑文は戦友の陸軍歩兵少佐松前正義が書いたもので、1906（明治39）年11月に山口甚四郎が建立しました。

❺相即寺　

泉町1132

戦死者追悼碑

日露戦争で戦死した元八王子村出身の陸軍歩兵一等卒小島筆吉の追悼碑。篆額

戦死者追悼碑

日露戦争で戦死した元八王子村出身の陸軍歩兵一等卒山中竹次郎の追悼碑。篆額と撰書は斯文学院の奥津廣です。1905（明治38）年11月、山中時次郎が建立しました。

戦死者追悼碑【1937年10月】

日中戦争開始直後に中国の上海で戦死した陸軍歩兵伍長田嶋重雄の顕彰碑。揮毫は陸軍大佐下川義忠。田嶋は1937（昭

和12）年7月の日中戦争勃発とともに召集され、歩兵第101連隊（加納部隊）に所属しました。9月24日に上海に上陸、10月6日の戦闘で重傷を負い、31日に死亡。享年28歳。1940（昭和15）年11月2日に縁故者の山上張郎が建立しました。

ランドセル地蔵【1945年7月8日】

1590（天正18）年の八王子城落城の戦死者を弔って建てられた地蔵堂の中には150体の地蔵が祀られています。その中にランドセルを背負った地蔵があります。布製のランドセルは、1945（昭和20）年7月8日、アメリカ軍戦闘機P51の機銃掃射により亡くなった疎開学童の神尾明治（品川区原国民学校4年生）が使っていたものです。駆けつけた母親が、息子に似ている地蔵に架けました。この話は古世古和子著『ランドセルをしょった地蔵さん』で有名になりました。八王子城が落城した6月23日、命日の7月8日、夏休みの8月8日の3日だけ公開されます。

山門扉の銃弾痕【1945年7月8日】

元八王子村は1945（昭和20）年7月6、8、28日にP51の機銃掃射を受けました。銃弾が貫通した痕は、いずれかの機銃掃射よるものです。

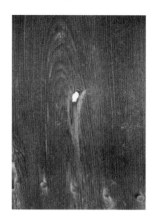

❻西蓮寺 🔔

大楽寺町566

戦死者追悼碑

日露戦争で戦死した元八王子村出身の陸軍輜重輪卒松尾竹三郎の追悼碑で、撰書は斯文学院の奥津廣。1906（明治39）年2月、松尾秀三郎が建立しました（※松尾家の墓域内にあります）。日露戦争で元八王子村出身の兵士は9名が戦死しました。そのうち、4名の碑が残っています。

７宮尾神社

上恩方町2089

雙楽記念之碑【1904年11月】

日露戦争で1904（明治37）年11月に戦死した陸軍歩兵軍曹松崎徳吉、翌年６月に戦死した陸軍騎兵上等兵松崎伴三の２人

の追悼碑。1905（明治38）年11月、「高留組」（恩方村青年団の高留地区の集まりか）が建立しました。撰書は斯文学院の奥津廣です。

殉国記念碑

日中戦争、太平洋戦争で戦死した同村高留地区出身の陸軍大尉小川光久、陸軍中尉小川明美（光久の弟）、陸軍軍曹板谷充壽

の追悼碑で、揮毫は陸軍大将今村均。1957（昭和32）年11月10日、「高留組」が建立しました。

８八幡神社

西寺方町

紀念碑

1884（明治17）年からの地域による神戸・川原宿間の新道建設工事の完成、日露戦争で村からの出征兵士104人のうち、金鵄勲章を11人がもらい、その他も軍功をあげたことを明治天皇の「地方紀念」と

するために1906（明治39）年９月15日建立。発起人として７人の氏名を裏面に刻んでいます。

９宗閑寺

元八王子町3-2562

忠霊碑【1912年８月】

1912（大正元）年８月、台湾で現地人との衝突で死んだ同村出身の警察官、小林勲美の追悼のため、1914（大正３）年８月に

兄・金一郎が建立しました。揮毫は陸軍中将一戸兵衛。
いちのへひょうえ

⓾心源院

下恩方町1970

戦災樹木（しだれ桜）

【1945年8月2日】

八王子空襲で本堂が焼失し、類焼しましたが、枯れずに成長し、毎年春にはきれいな花が咲きます。一部に焼痕を確認することができます。

⓫法泉寺

大楽寺町84

野矢トキ先生之碑【1945年8月2日】
のや

八王子空襲で亡くなった都立第四高等女学校の音楽教師野矢トキ（1919年10月から同校に勤務）の追悼碑。1956（昭和31）

年9月23日、女学校の教え子たちが建立し、碑の裏には賛同者の名を刻んでいます。碑の脇には建立のいわれを刻んだ碑が建っています。

⓬東京霊園

元八王子町2-1623-1

東京霊園被爆者の墓【1945年8月】
げんばく　　　　　　　　　　ひばく

原爆被害者の墓保存会が被爆60年を期して2005年11月に建立（場所は5区4列）、47人の被爆者と家族が合葬されています。正面に「原爆被害者之墓」と刻んだ墓石、背面には埋葬者の氏名などを
まいそうしゃ
刻んだ石板、左側に「われら生命もてここに記す　原爆許すまじ」の碑が配置されています。「原爆被害者の墓の前で故人を偲ぶつどい」が毎年10月に開催されています。
しの

MEMO

川口・加住地域

1 川口村慰霊碑　　　　9 家庭用防空壕
2 安養寺　　　　　　10 乗泉寺
3 霞神社　　　　　　　　八王子別院
4 乾晨寺　　　　　　11 少林寺
5 桂福寺　　　　　　12 爆弾抗
6 戦死者追悼碑　　　13 長楽寺
7 天神神社　　　　　14 田守神社
8 円通寺

◆…学童疎開場所　　G 梅沢別荘

A 乾晨寺　　　　　 H 国民学校裁縫室

B 法蓮寺

C 円福寺　　　　　 ▲…二宮金次郎像

D 安養寺　　　　　 a 美山小学校

E 桂福寺　　　　　 b 上川口小学校

F 円通寺　　　　　 c 福寿寺

❶川口村慰霊碑

川口町

忠霊塔（ちゅうれいとう）

　建立者名、建立日がありませんが、川口村（かわぐちむら）が建設委員会を作り、1942（昭和17）年4月に建立しました。太平洋戦争中に建立された八王子で唯一の忠魂碑（ちゅうこんひ）で、揮毫（きごう）は大日本忠霊顕彰会会長（だいにほんちゅうれいけんしょうかい）の陸軍大将菱刈隆（ひしかりたかし）です。敗戦後、塔柱は一度土に埋めましたが、1951（昭和26）年に掘り起こして、元に戻されました。碑の基礎部分の四方にはめ込まれている銅板には、日清戦争（にっしんせんそう）7名、北清事変（ほくしんじへん）1名、日露戦争（にちろせんそう）9名、第1次世界大戦2名、満州事変（まんしゅうじへん）1名、日中戦争18名、太平洋戦争160名以上の戦死者（軍属なども含む）の氏名、陸海軍別の階級などを刻んでいます。

　碑の前の2基の石柱は、川口村婦人会が1953（昭和28）年4月に建立したものです。忠魂碑の建立にあたり、敷地の寄付を申し出た米山五郎エ門（よねやまごろうえもん）を顕彰（けんしょう）する1972（昭和47）年4月8日建立の碑も建っています。

平和の誓い（ちか）

　忠霊塔に向かって右側にある碑。1995（平成7）年8月15日、川口村戦没者追悼式（せんぼつついとう）実行委員会が戦後50年にあたり、戦没者の冥福（めいふく）を祈り、再び過ちを繰り返すことなく平和な社会を築くことを誓って建立しました。

　また、忠霊塔に向かって左側には2015（平成27）年、戦後70年にあたり建立された「平和祈念」の碑もあります。

❷安養寺

犬目町1084

戦死者追悼碑【1901年1月24日】

　北清事変中の1901（明治34）年1月24日に、清国山海関（しんこくさんかいかん）での爆発事故で死亡し

た陸軍砲兵一等卒野口政良の追悼碑。1902（明治35）年９月に建立され、文章は依田百川、篆額と書は斯文学院奥津廣によるものです。裏面の上部には兵士９名の氏名、陸海軍別の階級を、下部には碑の建立に関わった有志者名を刻んでいます。

❸霞神社 🏛 🏭

高月町

霞神社社殿

在郷軍人会加住村分会が日露戦争の戦没者15名を祭神として霞神社を創建し、1912（明治45）年５月１日に滝山城本丸跡に社殿を建立。以後、毎年慰霊顕彰の祭典が行われました。戦後、満州事変、日中戦争、太平洋戦争での戦死者も合祀し、153柱（碑文には129柱とあります）を祭神としています。町村出身の戦没者を祭神として神社を創建したのは全国的にも

珍しく、八王子ではここだけです。社殿は1958（昭和33）年４月に再建しました。

霞神社由緒

1958（昭和33）年４月、滝山城址の霞神社社殿の左側に、滝山霞神社碑銘建設協賛会・加住地区遺族会によって建立されました。霞神社の由来と、祭神である日露戦争15名、満州事変１名、日中戦争13名、太平洋戦争の戦死者107名の氏名を刻んであります（祭神数には違いがあります）。

❹乾晨寺 🏛 🔥 🏭

美山町1491

焼けた山門【1945年８月２日】

八王子空襲で本堂は全焼しましたが、

山門は一部が焼けただけでした。その木材も使って建て直された山門の柱には、焼け焦げた痕（あと）が残っています。八王子で唯一、焼痕が残りながら使われている建物です。なお全焼した本堂には、品川区鮫浜（さめはま）国民学校の学童が集団疎開していましたが、全員無事でした。

３基の戦死者追悼碑

墓域に３つ並ぶ碑のうちの左側は、日露戦争中の1904（明治37）年９月に戦死した陸軍上等兵瀬沼福太郎（せぬまふくたろう）の墓碑（享年23歳）で、建立は1905（明治38）年。中央に建つのは1905年１月に戦病死した陸軍歩兵二等卒瀬沼水吉（みずきち）の追悼碑（享年27歳）で、建立は1905年１月。右側にあるのは第１次世界大戦の始まった1914（大正３）年秋、山東半島（さんとうはんとう）にあったドイツの根拠地、青島（ちんたお）攻略の際に膠州湾（こうしゅうわん）で戦死した海軍上等兵曹松井長作（まついちょうさく）の追悼碑（ついとう）（享年24歳）で、建立は1915（大正４）年夏。３基の文章はすべて斯文学院の奥津廣によるものです。

焼夷弾

M50という焼夷弾は八王子に67万発も投下されたため、かつては畑や山の中で見つけることができました。焼失した乾晨寺

には３本の不発の焼夷弾が残されています。中でも１本が長いのは尾部の鉄製の中空部分が残っているためです。この部分が残っているのものは、あまり見ることができません。

５ 桂福寺

戸吹町193

忠魂碑

山門手前左側の敷地に、日露戦争関係の２基、太平洋戦争関係の２基、計４基の碑が並んでいます。そのうちの右側は、日露

戦争での地区出身の兵士で戦死した２名、殉職（じゅんしょく）、病死した各１名、計４名の忠魂碑で、裏面には階級、勲等（くんとう）、亡くなっ

た場所などが刻まれています。1907（明治40）年3月に加住村戸吹建設委員が建立。書は本田定年。碑の前にある2基の灯籠、石柱のうち、左側の「揚輝」と石柱は加住村戸吹青年会中（中は仲間という意味です）が、右側の「照闇」と石柱は戸吹在郷軍人中が奉納したものです。

日露戦役紀念碑

4基のうちの右から2つ目の碑で、建立者、建立月日、揮毫者は忠魂碑と同じです。裏面上部には地区出身の「凱旋軍人」15名の階級、氏名などを、下部には建碑賛助員の氏名などを刻んでいます。戦死者などの名を忠魂碑に、復員者名を日露戦役紀念の碑に刻む例は市内で他にありません。

戦没者の碑

4基並ぶうちの最も左側の碑で、日中戦争、太平洋戦争で出征、戦没した地区出身の兵士29名の氏名を裏面に刻んでいます。1962（昭和37）年10月、戸吹町会が建立しました。右隣にこの碑の建立に際して寄付をした住民の氏名を刻す寄附者芳名の碑があります。

❻戦死者追悼碑

犬目町

戦死者追悼碑【1937年10月】

1937（昭和12）年10月に上海で戦死した陸軍歩兵伍長秋山博の追悼碑。揮毫は陸軍大将松井石根、裏面の文章は川口村長橋本枝太郎です。秋山は9月1日に召集され、近衛歩兵第101連隊のいわゆる加納

部隊に所属し、24日に江蘇省呉淞鎮に上陸、10月に呉淞クリークの戦闘で負傷し、死亡しました。生家の敷地の前の石柱に囲まれた台座の上に建っています。

❼天神神社

梅坪町266

皇紀2600年碑

　1940（昭和15）年の皇紀2600年を記念して、天神神社の由緒と1929（昭和4）年に「神饌幣帛料供進」の神社として指定されたことを後世に残そうと建立した碑です。碑銘は「皇威便現」で、書は小松茂盛によるものです。八王子では皇紀2600年記念碑として残る唯一のものです。

❽円通寺

高月町1158

かな穴地下壕

　寺の南側にある山のすそ野に掘られたゆるやかに蛇行した地下壕。高月城からの抜け穴などいう噂もありましたが、何かの鉱物を採取するために掘られたようです。戦争末期には拡張されて、飛行機部品の倉庫として使用される予定でした。長さは200m近くあるとみられ、幅、高さとも4mですが、天井から土が徐々に落ちていて、断面は尖頭ドーム型をし

ています。

焼けた狛犬

　1945（昭和20）年7月6日、アメリカ軍戦闘機P51の銃撃により本堂は全焼しました。それとともに焼けた2体の木製狛犬で、完全に炭化しています。本堂の左脇に置かれています。

❾家庭用防空壕

梅坪町

家庭用防空壕

　1945（昭和20）年4月4日の250kg爆弾による空襲で、一家6人が死亡した西山家の庭先の斜面に掘られた家庭用防空壕。戦後、入口を巨大な庭石で補強して使用したため、崩れずに残りました。中

には爆風の直撃を避けるためであろう、人が1人隠れることができるようなへこみが6個あります。

⑩乗泉寺八王子別院

加住町1-487

満蒙開拓団慰霊碑

　満州仁義佛立開拓団は、都内の麻布桜田町（現・港区六本木）にあった乗泉寺（日蓮宗系の本門佛立宗）の一般信徒が結成した満蒙開拓団で、北部興安南省に入植しました。敗戦直後の1945（昭和20）年8月25日、避難の途中の龍江省兆南街西方約20kmの地でソ連兵により虐殺されました。自決者も含む約550名の犠牲者を弔うために、1978（昭和53）年3月に建立されました。

⑪少林寺

滝山町2-665

地下壕

　寺域内にある地下壕。6、7本あったのですが、現在確認できるのは2本のみです。かつて寺の近くに松根油工場があり、海軍がその油の保管場所としてこの壕を利用していたと伝えられています。

⑫爆弾坑

犬目町

爆弾坑【1945年4月4日】

　1945（昭和20）年4月4日、立川市の立川飛行機を目標に飛来したB29が投下した250kg爆弾の爆弾坑。クレーター状の爆弾坑が10カ所以上連続して点在して

いて、東京にこれほどの爆弾坑が残る場所はありません。

⑬長楽寺

川口町335

薬師堂の言葉扁額

　上川町黒沢の現在の西八王子病院辺りに、1945（昭和20）年に神奈川県高座郡寒川町にあった相模海軍工廠が疎開工場として南多摩分廠を稼動させました。寒川の工廠からここに配置がえになって働き、長楽寺で生活していた静岡県立伊東高等女学校（現・静岡県立伊東高校）の女学生が、1995（平成7）年に学徒動員50年を偲んで書いた詩が、本堂に掲げられています。

⑭田守神社

上川町1208

賀陽宮書の題額

　皇族の陸軍中将、陸軍大学校長の賀陽宮恒憲王は1945（昭和20）年6月から終戦まで、第一王子の邦寿王（横山村長房にあった東京陸軍幼年学校に勤務）が疎開していた上川口の梅沢家の別荘に一緒に疎開していました。戦後、川口村を離れる際にお礼に書いた「尽其本分」（其の本分を尽くす）という題額が田守神社に掲げられています。

由井・由木地域

❶ 下柚木の馬頭観音 🏛

下柚木1778

馬頭観音

　高さは台座を
含めて約120cm、
正面、左右、台
座にそれぞれ文
字が彫られてい
ます。日清戦争
で徴発（人間で
いう出征）され
た馬が無事でいてほしいという思いを込
めて1894（明治27）年10月に建立されま
した。

❷ 由木村忠魂碑 🏛

下柚木25（八王子市農協由木支店北側）

忠魂碑

　1919（大正8）
年4月、帝国在
郷軍人会由木村
分会の42名が建
立しました。揮
毫は陸軍大将寺
内正毅。日清戦
争2名（1名は
軍夫）、日露戦争7名、計9名の戦死者
について、死没年月日、場所、戦病死・

戦死の別、階級、叙勲、氏名を刻んでい
ます。

満州日華事変並大東亜戦争戦没者
英霊芳名

　1952（昭和27）年春、由木村建立。陸
軍と海軍の部に分け、それぞれの階級と
死没者名を刻んでいます。

❸ 由井村忠魂碑 🏛

片倉町555-1

忠魂碑

　1928（昭和3）
年11月に帝国在
郷軍人会由井村
分会が建立。揮
毫は陸軍大将乃
木希典。裏面に
は日清戦争2名、
日露戦争9名、
満州事変1名、日中戦争14名、太平洋戦
争162名（軍属も含む）の戦没者の陸海
軍別の階級と名前を刻んでいます。戦

後、一度撤去されましたが、1953（昭和28）年4月に再建され、太平洋戦争の戦没者名を追刻しました。

忠魂碑周囲の石柱

碑の周囲にある石柱には、昭和天皇の即位を記念する「御大<ruby>御<rt>ご</rt></ruby><ruby>大<rt>たい</rt></ruby><ruby>典<rt>てん</rt></ruby>記念」とともに、1928（昭和3）年11月、帝国在郷軍人会由井村分会建立と刻まれていて、御大典記念で建立されたことが分かります。

❹大林寺

小比企町1372

<ruby>弔魂碑<rt>ちょうこんひ</rt></ruby>

日露戦争で戦死した由井村小比企地区出身の陸軍輜重<ruby>輪卒永井音次郎<rt>ゆ そつなが い おと じろう</rt></ruby>の<ruby>追悼碑<rt>ついとう</rt></ruby>。1905（明治38）年4月建立。碑の文章は斯<ruby>文<rt>ぶん</rt></ruby>学院長<ruby>奥津廣<rt>おく つ ひろし</rt></ruby>が書いたものです。

❺八幡神社

打越町1365

凱旋記念碑

日露戦争後、戦地からの兵士の帰還（<ruby>凱旋<rt>がいせん</rt></ruby>）を祝った碑。揮毫は陸軍歩兵大<ruby>佐亀岡泰辰<rt>かめ おかやすたつ</rt></ruby>。建立は1907（明治40）年7月。裏面には発起者5名、賛成者7名の氏名が刻まれています。

忠魂碑

<ruby>打越<rt>うちこし</rt></ruby>地区出身で日露戦争、太平洋戦争で戦死した兵士のための忠魂碑。揮毫は書家の<ruby>長島南龍<rt>ながしまなん りゅう</rt></ruby>。裏面の上段には、戦死した

7名の兵士の陸海軍の別と氏名、下段には建立に関わった8名の氏名を刻んでいます。

❻坂一等飛行兵曹戦死の地

上柚木

「坂一等飛行兵曹戦死の地」の標柱

【1945年2月17日】

　1945（昭和20）年2月17日、厚木海軍飛行場所属の第302海軍航空隊所属の坂正一等飛行兵曹が操縦する零戦は、グラマンF6Fと空中戦の末この地に墜落し、坂は即死しました。地元民が彼の死を悼んで墜落地点に建てた高さ70cmぐらいの木柱。現在は朽ちており、標柱の文字を確認することはできません。

❼砂山の地下壕

下柚木

地下壕

　磨き砂採掘のため、すでにトンネルが網の目のように掘られていました。1945（昭和20）年2〜3月、近衛第三師団独立速射砲二七大隊が付近に野営し、十字鍬やツルハシを使って内部を拡張、整備しました。その後、戦車などの部品や器材が保管されました。全長は300mほど

ありましたが、内部は複雑で落盤も多かったため、東京都の長沼公園緑地部分は1979（昭和54）年から3年かけて埋め戻されました。

❽片倉城跡

片倉町2475

防空壕

　斟珠寺の裏山に壕を掘って本部としていた軍の部隊（部隊名は不明）が、城跡内の住吉神社社殿の裏手に掘った防空壕。城跡の空堀にはカムフラージュの施設を作り、本土決戦に備えていたといいます。

❾堀之内沖ノ谷戸公園

堀之内字2号206-2

防空壕

　農家の自家用防空壕で、1944（昭和19）年ころつくられました。横穴式で、入口だけでなく、出口もある珍しい掘り方をしています。戦後はサツマイモなどの貯蔵に利用されました。八王子市は公園化にあたり、危険なので埋め戻す予定でしたが、戦跡として残してほしいという地域の要望もあって保存されています。市の立て札も立っています。

の尾川家に保存されています。

　戦時中、石油不足に悩まされていた軍と政府は松根油を航空燃料として利用する計画を立てます。採取された松根油は陸海軍の燃料廠や石油会社に送られましたが、精製施設が完成する前に終戦となり、航空燃料として利用されることはなかったといわれています。

❿松根油保存缶

片倉町

松根油保存缶
しょうこんゆ

　片倉地区では、ＪＲ片倉駅交差点付近に、松根油製造場があり、御殿峠付近で伐採され、掘り起こされた松の根株の油が乾溜釜により搾られていました。そこで使われていた松根油を貯留する大きな容器（直径90cm、高さ1.8m）が片倉町
かんりゅうがま

非核平和都市宣言

宣言文

世界の恒久平和は、人類共通の願望である。

しかるに、核軍備拡大競争は依然として続けられ、人類が平和のうちに生存する条件を根本から脅かしている。また、通常兵器の軍備拡大競争も一段と激化し、世界の各地で武力紛争や戦争が絶えまなく続き、限定核戦争の脅威が迫っている。

わが国は、世界唯一の核被爆国として、また、平和憲法の精神からも核兵器の廃絶と軍備縮小の推進に積極的な役割りを果たさなければならない。

したがって、わが八王子市は、非核三原則の完全実施を願い、厳粛に非核平和都市を宣言する。

　世界の恒久平和を願い、平和憲法の精神から核兵器の廃絶と軍備縮小を積極的に推進するために1982（昭和57）年6月29日に八王子市議会で議決されました。

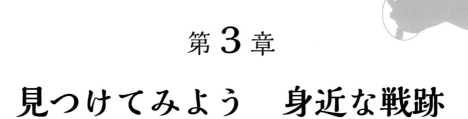

第3章

見つけてみよう　身近な戦跡

第3章の使い方

○市内戦跡MAP（白地図）の使い方

元になる白地図

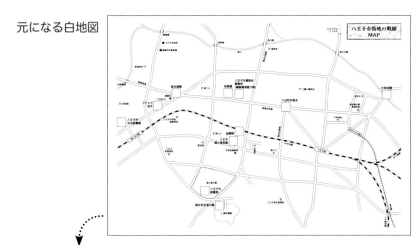

書き込み例

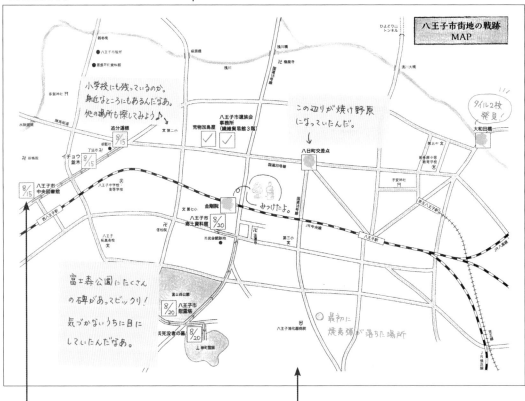

チェック欄
訪れた日付やチェックを書いたり、スタンプを押したり、シールを貼ったりなどしてみましょう

その他に、ふせんを貼ったり、地図に直接書き込んだり、ルートを書いたり、イラスト描いたりなどオリジナル地図を作成できるようになっています。上記を参考にしてオリジナル地図を作成してみましょう

本章では、市内で戦争にまつわる場所を歩きながら見つけることができるような2つの地図を設定しました。1つは八王子市街地周辺、もう1つは高尾駅周辺を歩く地図です。どちらも一例として、戦跡や戦争に関連した場所を辿ることのできるモデルコースを提案しています。八王子市街地を巡る地図では、八王子空襲に関わる情報も明示しました。

　ただ、どちらも提案の1つなので、これらすべてを辿らなくてはいけないというものではありません。他にも興味のある戦跡や新しい戦跡を見つけてみてください。また、どちらにも白地図を用意しています。左ページにあるように、感じたこと、学んだことなどを書き込んでみましょう。

　後半には訪れた場所や物について書き込むことのできるフリースペース欄を用意しました。下に書き方の一例を挙げていますが、使い方は自由自在。こちらもあなたの好きなスタイルで書き込んでみてください。

○フリースペース書き込み欄の使い方

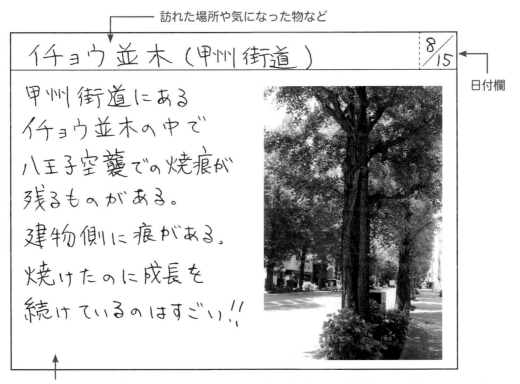

── 訪れた場所や気になった物など

イチョウ並木（甲州街道）　8/15　← 日付欄

甲州街道にある
イチョウ並木の中で
八王子空襲での焼痕が
残るものがある。
建物側に痕がある。
焼けたのに成長を
続けているのはすごい!!

↑
写真を貼ったり、絵を描いたりなど自由に書き込めます。感じたこと、学んだことをまとめてみましょう

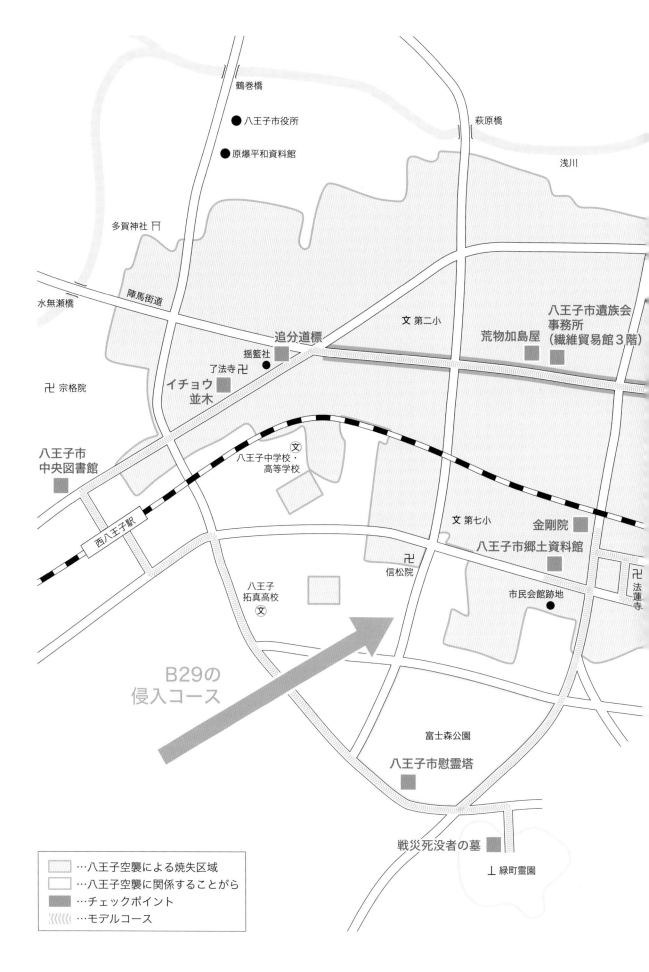

鶴巻橋

● 八王子市役所

● 原爆平和資料館

萩原橋

浅川

多賀神社 ⛩

水無瀬橋

陣馬街道

追分道標

揺籃社

了法寺 卍

卍 宗格院

イチョウ
並木

文 第二小

荒物加島屋

八王子市遺族会
事務所
(繊維貿易館3階)

八王子市
中央図書館

八王子中学校・
高等学校 文

西八王子駅

八王子
拓真高校 文

信松院 卍

文 第七小

金剛院

八王子市郷土資料館

法蓮寺 卍

市民会館跡地 ●

B29の
侵入コース

富士森公園

八王子市慰霊塔

戦災死没者の墓

⊥ 緑町霊園

…八王子空襲による焼失区域
…八王子空襲に関係することがら
…チェックポイント
…モデルコース

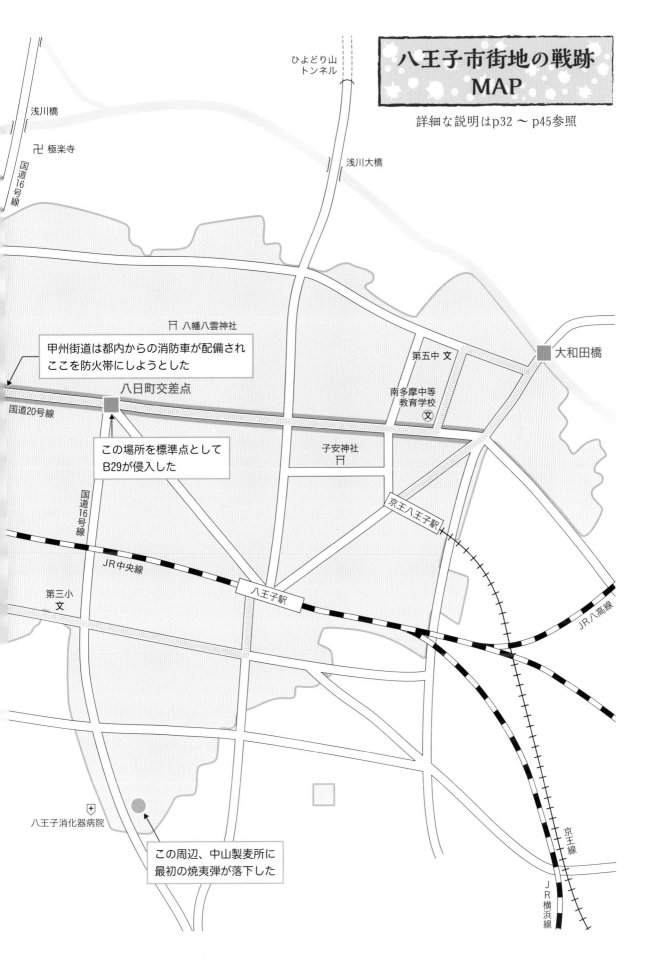

八王子市街地の戦跡 MAP

詳細な説明はp32 〜 p45参照

ひよどり山
トンネル

浅川大橋

浅川橋

卍 極楽寺

国道16号線

卍 八幡八雲神社

第五中 文

大和田橋

甲州街道は都内からの消防車が配備され
ここを防火帯にしようとした

八日町交差点

南多摩中等
教育学校 文

国道20号線

この場所を標準点として
B29が侵入した

子安神社 卄

国道16号線

京王八王子駅

JR中央線

八王子駅

JR八高線

第三小 文

京王線

八王子消化器病院

この周辺、中山製麦所に
最初の焼夷弾が落下した

JR横浜線

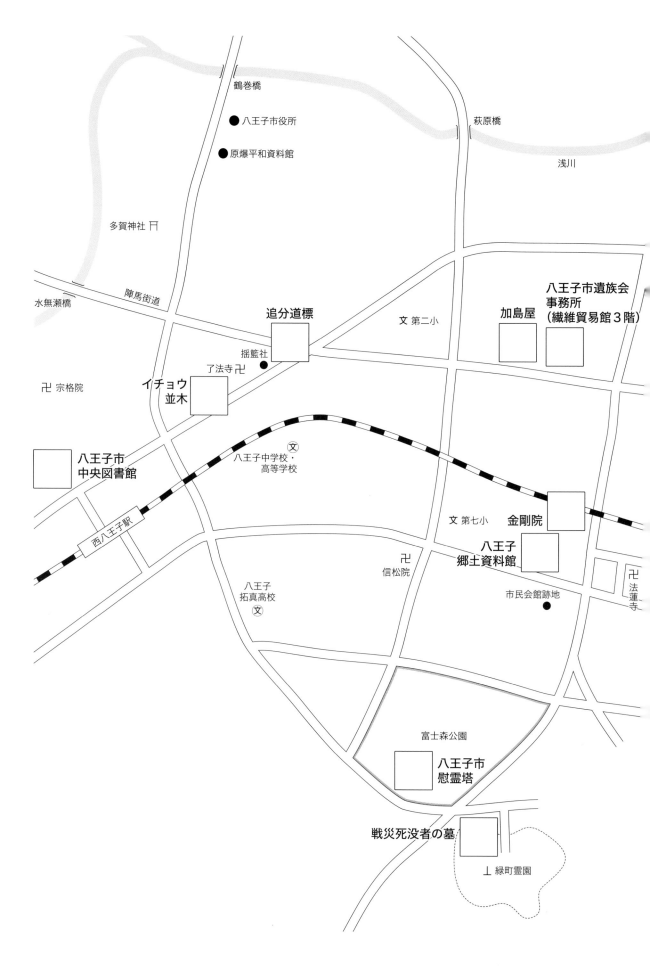

鶴巻橋

● 八王子市役所

● 原爆平和資料館

萩原橋

浅川

多賀神社 ⛩

陣馬街道

水無瀬橋

追分道標

文 第二小

八王子市遺族会
事務所
(繊維貿易館3階)

加島屋

揺籃社 ●

了法寺 卍

卍 宗格院

イチョウ
並木

八王子市
中央図書館

八王子中学校・
高等学校 文

文 第七小

金剛院

西八王子駅

八王子
郷土資料館

信松院 卍

八王子
拓真高校 文

市民会館跡地 ●

卍 法蓮寺

富士森公園

八王子市
慰霊塔

戦災死没者の墓

⊥ 緑町霊園

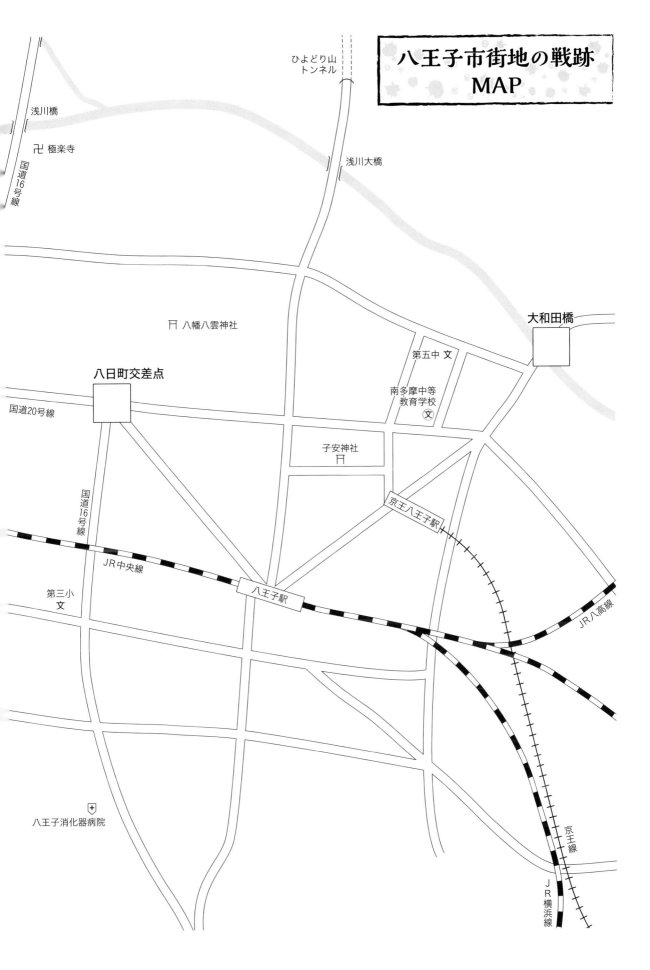

八王子市街地の戦跡
MAP

ひよどり山
トンネル

浅川橋

卍 極楽寺

国道16号線

浅川大橋

大和田橋

卍 八幡八雲神社

第五中 文

南多摩中等
教育学校
文

八日町交差点

国道20号線

子安神社 卍

国道16号線

京王八王子駅

JR中央線

八王子駅

JR八高線

第三小
文

京王線

八王子消化器病院

JR横浜線

高尾駅周辺の戦跡 MAP

詳細はp46 〜 p55参照

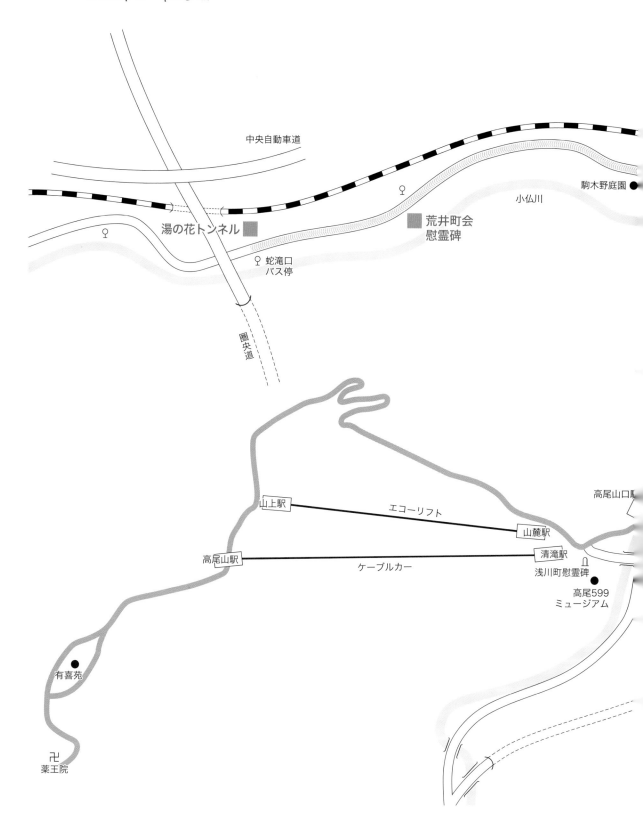

中央自動車道

駒木野庭園 ●

小仏川

湯の花トンネル

荒井町会
慰霊碑

蛇滝口
バス停

圏央道

山上駅 ─── エコーリフト ─── 山麓駅

高尾山口駅

高尾山駅 ─── ケーブルカー ─── 清滝駅

浅川町慰霊碑

高尾599
ミュージアム

有喜苑 ●

卍
薬王院

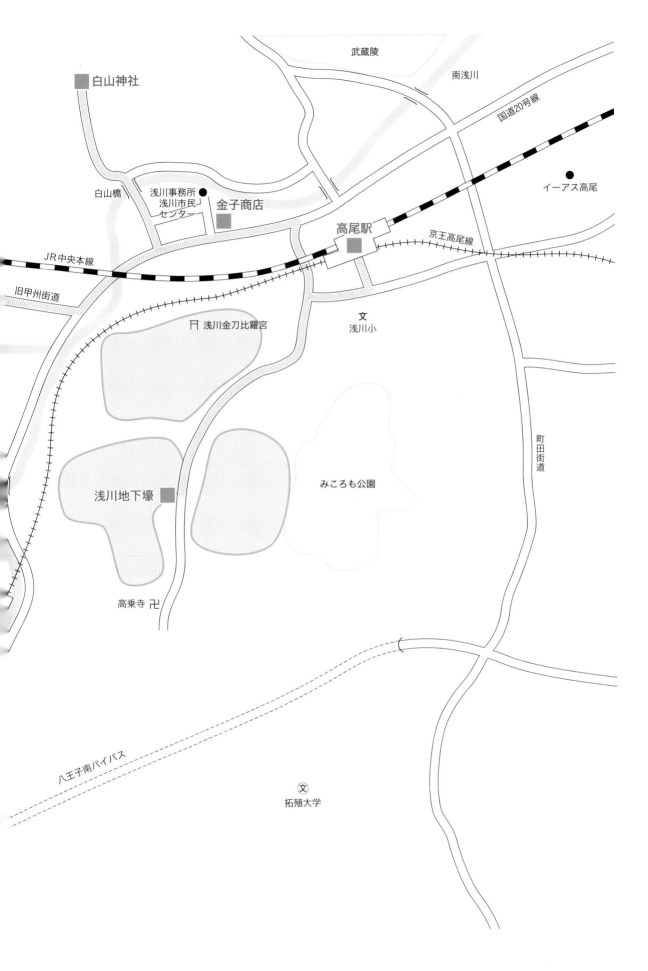

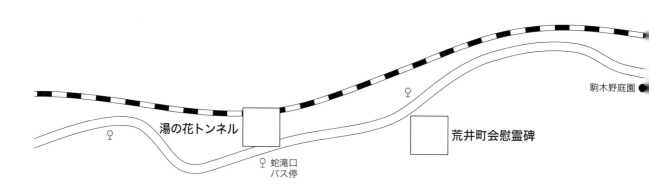

八王子の戦跡MAP
── 高尾駅周辺編 ──

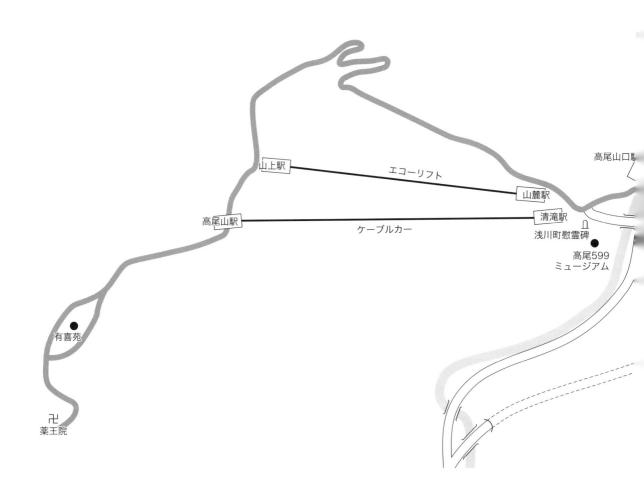

湯の花トンネル

蛇滝口
バス停

荒井町会慰霊碑

駒木野庭園

山上駅

エコーリフト

山麓駅

高尾山口駅

高尾山駅

ケーブルカー

清滝駅

浅川町慰霊碑

高尾599
ミュージアム

有喜苑

薬王院

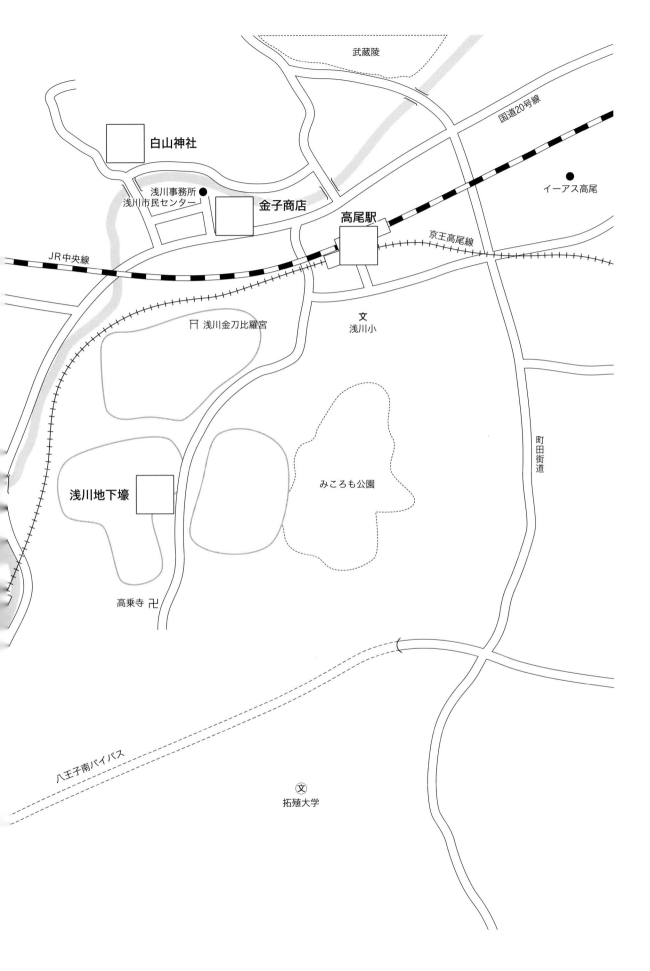

第4章

参 考 資 料

戦争・戦跡情報施設

　第２章では八王子市内に現在も残る戦跡を数多く紹介してきました。まずはみなさんの身近にある戦跡を実際に見て、その意味を感じ取ってみてください。

　ただ、誌面の都合上、それぞれの戦跡に関連するエピソードや背景など、この本に掲載できなかった情報も多くあります。そこで、戦争や戦跡のことをもっと学びたい、さらに深く知りたいという方のために、市内で「戦争」について調べることのできる施設として、「八王子市郷土資料館」「八王子市中央図書館」「八王子平和・原爆資料館」の３カ所を紹介します。

　いずれの施設もただ資料が置いてあるだけでなく、戦争について詳しく説明してくれるスタッフの方々がいます。それぞれの戦跡の意味や当時の状況について、こうした施設も利用しながら、さらに深く掘り下げて調べてみましょう。

❏ 八王子市郷土資料館

●住　　所　上野町33
●ＴＥＬ　042-622-8939
●開館時間　９：00～17：00
●休 館 日
　月曜日（祝日の場合は開館）・祝日の翌日・
　年末年始。その他、館内整理日などのため
　臨時に休館する場合があります。
●入館無料

　八王子市内の歴史・民俗的資料などを収集、展示し、郷土の歴史を学べる場として多くの人に利用されています。１階展示室の一角では、常時八王子空襲を中心とした展示コーナーがあり、入口にいるガイドボランティアの方に説明してもらうことができます。また、事務室の閲覧コーナーには、空襲・戦争関連の図書があり、職員の方に相談して閲覧することもできます。

❏ 八王子市中央図書館

●住　　所　千人町3-3-6
●Ｔ Ｅ Ｌ　042-664-4321
●開館時間
　10：00～19：00（※７月21日から８月31日まで
　での夏休み期間は９：30より開館）
●休 館 日
　館内整理日（毎月第２火曜日、休日の場合
　は開館）、年末年始（12月29日～１月３日）、
　特別整理期間（年15日以内）
　※詳細はホームページをご覧ください。
●入館無料

　八王子市内で最も多い85万冊以上の本を所蔵しています。中でも郷土資料は約５万点もあり、調べ学習のために多くの人が訪れます。図書館２階の参考室と八王子関連図書の本棚には、八王子空襲を中心にした戦争関連の図書が配架されています。貸し出し不可のものもありますが、レファレンス担当の方に聞くなどして本を選び、閲覧コーナーで調べてみましょう。

❏ 八王子平和・原爆資料館

●住　　所　元本郷町3-17-5
　　　　　　ハマナカビル２階
●Ｔ Ｅ Ｌ　042-627-5271
●開館時間　10：00～16：00
●開 館 日　毎週水曜・金曜のみ開館
●入館無料

　八王子市内に住む原爆被爆者の会（八六九会）の会員から寄贈を受けた原爆に関する文献・資料を元に、1997（平成９）年に開設しました。広島・長崎の被爆者の手記や原爆に関する評論、写真集などのほかに、子ども向けの絵本や、各地の中学・高校などの修学旅行の実践記録集なども含めて、およそ2000冊の資料があります。ほかにも原爆瓦や溶けた皿、被爆死した中学生の服なども展示されています。

戦争に関わる団体紹介

　この本で触れてきたように、八王子でも戦地で銃撃を受けるなどして亡くなられた兵士の方や、市内で空襲の被害を受けて亡くなられた方が数多くいます。

　「戦跡」は、こうした悲劇を二度と繰り返さないという強い思いをもち、その悲惨さや平和の尊さを訴え続けてきた人びとによって残されてきました。また、慰霊の会を行ったり、書籍を発行したりするなどして、後世に向けて戦争とはどのようなものであったのかを伝え続けている方もいます。

　ここでは、戦争に関わる市内の代表的な3つの団体、「八王子市遺族会」「浅川地下壕の保存をすすめる会」「いのはなトンネル列車銃撃遭難者慰霊の会」を取り上げ、それぞれの会がどのような経緯で発足し、活動をしているのかをご紹介します。

□ 八王子市遺族会

●住　　　　所　八幡町11-2（繊維貿易館3階）
●Ｔ　Ｅ　Ｌ　042-624-8760
●事務取扱時間
　毎週水曜・木曜（10：00～16：00）

　太平洋戦争、日中戦争、第二次世界大戦で戦死された方の遺族（戦没者遺族）、また八王子空襲に遭い、亡くなった方の遺族（戦災殉難者遺族）が集い、1955（昭和30）年に結成されました。当初は戦没者の親・妻・兄弟姉妹により運営され、2000名以上の会員がいた時期もありました。1998（平成10）年に市の社会福祉協議会より独立し、八幡町の繊維貿易館3階に事務局を設置し、現在に至ります。毎年4月の八王子市戦没者追悼式、8月15日の全国戦没者追悼式・東京都戦没者追悼式に参加しているほか、八王子市慰霊塔の清掃奉仕活動、研修会、語り部事業、その他英霊顕彰事業を行っています。

❑ 浅川地下壕の保存をすすめる会

●事務局住所　元八王子町3-3006（齊藤方）
● Ｔ　Ｅ　Ｌ　042-664-8615

　浅川地下壕の保存をすすめる会は、1997（平成９）年11月に浅川地下壕を戦跡として公的に保存・公開し、平和資料館の建設を八王子市と東京都に求めるために結成されました。

　会の活動としては、会報『Peaceあさかわ』の発行（年４回）、月１回の地下壕内の案内、秋の浅川地区文化展への出品などを行っています。2005（平成17）年には『学び・調べ・考えよう　フィールドワーク　浅川地下壕』を刊行しました。なお、見学の日程は、会のホームページに毎月掲載されますので、案内にしたがってお申し込み下さい。基本的には土曜・日曜か祝日の午前と午後に各１回ずつ、定員20名程度で行います。時間は２時間ほどで、保険代、資料費を頂きます。

❑いのはなトンネル列車銃撃遭難者慰霊の会

●事務局住所　元八王子町3-3006（齊藤方）
● Ｔ　Ｅ　Ｌ　042-664-8615

　いのはなトンネル列車銃撃遭難者慰霊の会は、中央本線419列車空襲での犠牲者への慰霊の集いを行うために、1984（昭和59）年７月に結成されました。以来、毎年
８月５日に慰霊の集いを開催しています。このほか、旧甲州街道脇に案内碑（2018）、東京八王子南ロータリークラブのお力添えにより「供養の碑」（1992）、「案内板」（2018）を建立しました。また、会報を年１回発行するとともに、2015（平成27）年には『いのはな慰霊の集い　三十年のあゆみ』、2018（平成30）年にはブックレット『中央本線419列車 ── いのはなトンネル列車銃撃空襲の悲劇 ── 』を刊行しました。

用　語　解　説

　本書には、戦争にまつわることばがたくさん出てきますが、現在では使われず、よく分からないことがら、ことばもあります。そこで、「慰霊碑（いれいひ）」「焼夷弾（しょういだん）」というキーワードを柱に、それぞれに関連した用語を解説します。

慰霊碑にまつわる用語

【忠魂碑（ちゅうこんひ）】

　西南戦争から太平洋戦争までの戦争や事変に出征して戦死した、地域出身の兵士の記念のために建立された記念碑。忠魂碑のほか、表忠碑、慰霊碑など碑銘はさまざまですが、いずれも兵士が戦死をもって、天皇に忠義を尽くしたことをたたえています。

【英霊墓（えいれいばか）】

　英霊とは戦死した軍人や兵士の霊を敬っていうことばで、英霊墓はその墓のことを指します。多くの場合、正面に軍隊の階級、氏名があり、側面や裏面には、戦死した年月日、建立者などが刻まれています。墓の形は、一般的な四角柱のほか、石碑のような板状の立方体、自然石などです。西南戦争から建立され始め、日中戦争開始ごろまでは大人の身長以上の大きく、立派なものが建てられました。戦時期、占領期はあまり建立されず、1952（昭和27）年の独立後に再び急増し、1970年代ごろまで建立されています。市内では寺の墓域や市営緑町霊園などに建立されました。

【奥津廣（おくつひろし）】

　教育者（？～1918）。大横町で漢文・作文・習字を教えていた民間塾、斯文（しぶん）学院の創立者、学院長。日露戦争での戦死者の追悼碑などの碑文を起草しました。

【揮毫（きごう）】

　著名人が依頼されて書を書くこと。忠魂碑や英霊墓の揮毫は大将、中将などの軍人が担いました。最も多いのは陸軍大将、学習院長の乃木希典（のぎまれすけ）です。

焼夷弾にまつわる用語

【空　襲】

　都市や軍事施設、軍需工場などの目標に対して、空から爆弾や焼夷弾を投下したり、機銃掃射をしたりすること。この攻撃には爆撃機や戦闘機が使われます。最近使われる「空爆」ということばは、飛行機による攻撃とミサイルなどで遠距離から目標に対して精密な攻撃をすることの両方の意味を含んでいます。

【焼夷弾】

　目標を焼き払うことを目的に、焼夷剤を弾体につめた弾です。形も大きさもさまざまですが、焼夷剤によって以下の３種類に分けることができます。

●テルミット焼夷弾（エレクトロン焼夷弾、マグネシウム焼夷弾）

アルミニウム粉と金属酸化物の混合物であるテルミットが焼夷剤として使われている焼夷弾です。点火すると高熱を発します。それをさらにエレクトロン（マグネシウム合金）に着火させ、燃焼させて、周りのものを焼いたり溶かしたりします。高熱を発する激しい化学反応のため、水をかけても消火することはできません。

●油脂焼夷弾

焼夷剤に可燃性の高い油脂や、ナフサ・重油などの石油製品を使います。代表的なものに、ナフサにいろいろな薬剤をまぜたナパーム剤（増粘剤）を使うナパーム弾があります。東京大空襲で使われたM69焼夷弾もその１つです。

●黄燐（おうりん）焼夷弾

黄燐を焼夷剤としたものです。黄燐が空気中で自然発火する性質を用いて、周りのものを焼きつくします。

【八王子空襲で使われた焼夷弾】

1945年８月２日の八王子空襲で使われた焼夷弾は、M47という油脂焼夷弾とM50というテルミット焼夷弾の２種類です。

M47（全長約131cm、重さ約31kg）は、八王子の空襲開始とともに、火災を起こす目的で1992個が投下されました。後から飛来するB29の空襲の目標にするためでした。

M50（全長51.4cm、重さ約３kg）の断面は六角形をしています。この焼夷弾は、M17というクラスター（集束焼夷弾）に110本束ねて入れられて落とされます。B29から投下されると、途中で集束が解かれ、M50はバラバラになって地上に落ちてきました。頭部は鋼鉄製のため貫通力が強く、屋根や壁を貫通して家の中で発火しました。また、人に当たり、殺傷することもありました。八王子には約67万発が落とされました。これは八王子市民１人あたり約10発という計算になります。

戦後、焼夷弾をいたずらしたり、火の中に入れたりして爆発し、負傷者・死者が出たことがあります。

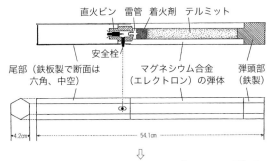

AN-M50A2
（４ポンドテルミット・マグネシウム焼夷弾）

直火ビン　雷管　着火剤　テルミット

安全栓

尾部（鉄板製で断面は六角、中空）　マグネシウム合金（エレクトロン）の弾体　弾頭部（鉄製）

4.2cm　54.1cm

⇩

これが110本、焼夷弾クラスター（AN-M50型）に集束されてB29に積まれた

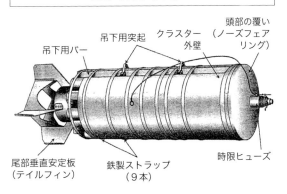

M17-A1クラスター

頭部の覆い（ノーズフェアリング）

吊下用バー　吊下用突起　クラスター外壁

尾部垂直安定板（テイルフィン）　鉄製ストラップ（９本）　時限ヒューズ

奥住喜住『八王子空襲の記録』、『航空ファン』2008年６月号（田村俊夫「第二次大戦ミニ航空史話」）の図版を一部編集

八王子の戦争と戦跡関係年表

西暦	和暦	月日	八王子の戦争と戦跡にかかわることがら	参考ページ
1877	明治10	2月	西南戦争（〜10月）	
1878	明治11	1月9日	恩方村出身の菱山万五郎陸軍伍長、前年8月15日の戦闘で負傷、大阪臨時陸軍病院で死亡。八王子で最初の戦死者	
1894	明治27	8月	日清戦争（〜1895年4月）。八王子では兵士17名が戦死、戦病死。軍夫25名が死亡	
1896	明治29	3月	南多摩郡有志、八王子町富士森に報國忠魂之碑、西南戦争と日清戦争で戦死・戦病死した軍人・兵士の氏名を刻んだ碑、日清戦争で死亡した軍夫の碑を建立	P42
1904	明治37	2月	日露戦争（〜1905年9月）。八王子では111名が戦死、戦病死	
1906	明治39	11月18日	富士森公園招魂場において日露戦争での戦死者の忠魂碑（「尽忠无窮」）の除幕式、弔魂祭を開催	P42
1907	明治40	7月	由井村の有志、日露戦争の凱旋記念碑を建立	
1910	明治43	9月29日	浅川町、坊ヶ谷戸に建立した表忠碑の序幕式を実施	P48 **2**
1912	明治45	3月	小宮村、忠魂碑を建立	P34 **1**
		5月1日	在郷軍人会加住村分会の主唱により、日露戦争での戦死者を祭神（15柱）にして霞神社を創建。以後、毎年慰霊顕彰の祭典を開催	P69 **3**
1914	大正3	8月	第1次世界大戦（〜1918年11月12日）。八王子市で2名、横山村で2名、元八王子村・川口村で各1名の計6名が戦死（ただし1名は殉職）	
1915	大正4	11月10日	大正天皇の御大典挙行	
1919	大正8	4月	帝国在郷軍人会由木村分会42名を発起人にして、由木村の忠魂碑を建立	P78 **2**
1920	大正9	4月	帝国在郷軍人会恩方村分会・恩方村青年会・恩方村、恩方村の忠魂碑を建立	P58 **1**
1927	昭和2	5月28日	第1次山東出兵	
1928	昭和3	11月10日	昭和天皇の御大典挙行	
		11月	帝国在郷軍人会由井村分会、忠魂碑を建立	P78 **3**
1929	昭和4	4月15日	横山村、忠魂碑を建立	P49 **3**
1930	昭和5	12月	従軍記念碑建設会、横山村廿里の白山神社に従軍記念碑を建立	P48 **1**

西暦	和暦	月日	八王子の戦争と戦跡にかかわることがら	参考ページ
1931	昭和6	9月18日	満州事変勃発。軍部への献金熱が高まる。八王子市では3名、小宮町で1名の計4名が戦死	
1932	昭和7	4月	元八王子村、帝国在郷軍人会元八王子村分会、忠魂碑を建立	P59 **3**
1935	昭和10	3月	八王子市・南多摩郡、北清事変、第1次世界大戦、満州事変などでの戦没者の忠魂碑を富士森公園忠魂場に建立	P43
1936	昭和11	2月26日	2・26事件発生	
1937	昭和12	7月7日	盧溝橋事件発生。日中戦争始まる（7月11日「北支事変」と命名、9月2日「支那事変」と改称）	
		8月13日	第2次上海事変。臨時に101師団、八王子、多摩地域を含む東京出身の臨時召集兵により歩兵101連隊が編成され、9月上旬に上海に派遣される	
		10月11日	第101連隊の和智昭元少尉、上海戦線で連隊本部長の加納治雄大佐とともに戦死	
		12月13日	日本軍、南京を占領。南京など中国都市の占領するごとに提灯行列など祝賀行事が行われる	
1938	昭和13	4月1日	国家総動員法公布	
1939	昭和14	9月1日	第2次世界大戦（欧州大戦）始まる	
1940	昭和15	4月15日	加住村、2600年記念碑を梅坪の天神神社に建立	P72 **7**
		5月	川口村立川口尋常高等小学校　紀元2600年記念事業として楠木正成・正行の桜の駅の別れの石像を建立。完成除幕式挙行	
		6月22日	市立第四小学校、紀元2600年記念事業で二宮尊徳像を建立、除幕式を挙行。これにより市内6つの小学校のうち5校に尊徳像が建立された	
		10月19日	多摩少年院で紀元2600年事業として4月に着工、8月に建立した忠霊塔の除幕式を挙行	P36 **6**
		11月10日	紀元2600年奉祝行事。八王子市で15日間実施	
		11月17日	元八王子村八幡神社の氏子、紀元2600年記念植樹をし、碑を建立	
1941	昭和16	12月8日	日本海軍、ハワイ島真珠湾を攻撃、アメリカ・イギリスに宣戦布告。太平洋戦争始まる	
1942	昭和17	4月	川口村、忠霊塔を建立	P68 **1**
		6月15日	ミッドウェー海戦始まる	
1944	昭和19	6月15日	アメリカ軍、マリアナ諸島のサイパン島に上陸	
		8月17日	品川区の学童集団疎開第1陣が八王子に到着	

西暦	和暦	月日	八王子の戦争と戦跡にかかわることがら	参考ページ
1944	昭和19	9月	陸軍東部軍経理部の発注により浅川町落合地区と初沢地区の間の東高尾山稜に「陸軍倉庫」の建設開始	
		11月24日	マリアナ基地のB29約70機が東京を初空襲	
1945	昭和20	2月17日	アメリカ海軍の艦載機、関東南部の飛行場、軍需工場を空襲。海軍厚木飛行場第302海軍航空隊の坂一等飛行兵曹操縦のゼロ戦が、艦載機との空中戦で由木村上柚木の畑に墜落、坂は即死	P80 **6**
		2〜3月	近衛第三師団独立高射砲二七大隊が由井村西長沼のみがき砂採取のトンネルを拡張、整備	
		3月9日	B29が東京下町を空襲（〜10日）（東京大空襲）	
		春	由井村梅洞寺の墓地下に兵士が防空壕を掘る	
		4月4日	B29が立川飛行機を目標に空襲。目標を外れた250kg爆弾が加住村梅坪に落下し、一家6人が死亡。川口村犬目にも十数個落下	P72 **9** P73 **12**
		4月7日	アメリカ陸軍の戦闘機P51ムスタング、B29の護衛のため初めて日本本土に飛来	
		4月下旬	三鷹村の三鷹航空機工業、由井村小比企に疎開工場の建設を開始。6月8日から地下工場の建設を開始	
		5月25日	P51が浅川駅と構内の列車、その周辺を銃撃	
		7月6日	P51が八王子の各地を銃撃。加住村高月の円通寺が全焼	P72 **8**
		7月8日	P51による空襲で隣保館に疎開していた品川区原国民学校4年生神尾明治死亡。浅川駅構内で運転手重傷	P61 **5**
		8月2日	169機のB29が八王子市を空襲（八王子空襲）	
		8月5日	4機のP51が中央本線湯ノ花トンネル東側出入り口で、新宿発長野行き419列車を銃撃	P53 **14**
		8月6日	広島に原爆投下	
		8月9日	長崎に原爆投下	
		8月15日	戦闘停止	
		9月2日	アメリカ兵、八王子市役所に市長を訪れる。翌3日から立川を中心にアメリカ軍の進駐が始まる	
1946	昭和21	3月1日	昭和天皇、三多摩に行幸。八王子市役所、都立第四高等女学校、陸軍幼年学校跡を訪れる	
		春	八幡八雲神社の境内の一部、境内の南側の通りに闇市が形成される	

西暦	和暦	月日	八王子の戦争と戦跡にかかわることがら	参考ページ
1946	昭和21	7月11日	八王子市で戦争犠牲者遺族同盟結成	
		11月3日	日本国憲法公布（1947年5月3日施行）	
1947	昭和22		このころ忠魂碑の撤去が行われる	
1950	昭和25	6月25日	朝鮮戦争勃発	
		8月5日	浅川町上長房青年団、湯ノ花トンネル東側出入り口近くに供養の碑を建立	
1951	昭和26	9月22日	八王子市戦没者遺族厚生会結成	
1952	昭和27	4月28日	講和条約・日米安全保障条約発効。ＧＨＱ廃止	
		春	由木村、忠魂碑を再建	P78 **2**
		6月15日	八王子市戦没者追悼式を挙行。以降毎年開催	
1953	昭和28	5月	恩方村、ノモンハン事件、太平洋戦争の戦死者、八王子空襲での戦災死没者185柱を刻した恩方村殉国者芳名を建立。1948年6月8日に埋めた忠魂碑を掘り出して、再建	P58 **1**
		10月	横山村、忠魂碑を旧横山村役場跡（現・八王子市役所横山事務所）から万葉公園に移設。殉国の碑（支那事変／大東亜戦争戦没者碑）を建立	P49 **3**
		5月10日	元八王子村、殉国之碑を建立	P59 **3**
		4月	由井村、忠魂碑を建立	P78 **3**
1954	昭和29	4月	浅川町、殉国者銘碑を建立	P48 **2**
1955	昭和30	4月1日	八王子市、元八王子・恩方・川口・加住・横山・由井の6カ村と合併。八王子市遺族会結成	
1958	昭和33	4月	加住村で満州事変から日中戦争、アジア太平洋戦争での戦死者も祭神に加えて霞神社を再建。滝山霞神社銘碑建設協賛会、霞神社由緒の碑を滝山城址本丸跡に建立	P69 **3**
1959	昭和34	4月1日	八王子市、浅川町と合併	
1960	昭和35	春	恩方村遺族会、招魂祭資金葬祭記念碑を建立	P58 **1**
1961	昭和36	2月	佐宗徳重、浅川地下壕イ地区内でマッシュルームの栽培を開始（〜1965年まで）	P50 **7**
1964	昭和39	8月1日	八王子市、由木村を合併し、現在の市域となる	
1965	昭和40	10月8日	八王子市、八王子市慰霊塔の除幕式、追悼式を挙行	P43
1969	昭和44		『多摩文化』第21号特集「多摩の百年」で「八王子戦災体験記」を掲載	
		8月20日	多摩文化研究会、浅川地下壕の見学会を開催	P50 **7**

西暦	和暦	月日	八王子の戦争と戦跡にかかわることがら	参考ページ
1972	昭和47	10月19日	元八王子村の小塚金七陸軍一等兵、フィリピン・ルバング島で現地の警察と銃撃戦の末、死亡	
1973	昭和48	3月18日	石川町会、地域から出征し、戦死した兵士の忠霊塔を建立	P34 **2**
		8月1日	東京都教職員組合八王子支部主催で「八王子空襲を記録する集会」を開催。講演者は早乙女勝元	
1974	昭和49	8月1日	『焼きつくされた街 —— 八王子空襲の記録 ——』（東京都教職員組合八王子支部）発行	
		10月	高尾史跡保存会、浅川地下壕を「元陸軍参謀本部跡」として土日限定で公開開始（11月まで）	P50 **7**
1976	昭和51	8月1日	『炎の桑都 —— 八王子空襲の記録』（創価学会青年部反戦出版委員会編）発行	
1979	昭和54	7月21日	八王子空襲を記録する会発足	
1980	昭和55	7月	裏高尾町荒井町会、「戦没者供養塔」建立	P54 **15**
			『盆地は火の海 —— 八王子大空襲体験記録 ——』（八王子空襲を記録する会）発行	
			拓殖招魂社、大学八王子国際キャンパスに遷座、再建	P49 **4**
1981	昭和56	4月	八王子空襲を記録する会の陳情が採択されたことにより、『八王子の空襲と戦災の記録』編纂開始（～昭和60年3月）	
1982	昭和57	6月29日	八王子市、非核平和都市宣言	
		8月1日	『盆地は火の海 —— 八王子大空襲体験記録 ——』II（八王子空襲を記録する会）発行	
1983	昭和58	8月31日	『盆地は火の海 —— 八王子大空襲体験記録 ——』III（八王子空襲を記録する会）発行	
1984	昭和59	7月21日	いのはなトンネル列車銃撃遭難者慰霊の会結成	P53 **14**
1985	昭和60	3月	『八王子の空襲と戦災の記録』全3巻刊行	
1986	昭和61	夏	八王子市「平和展」開催。以降、実行委員会形式で毎年開催	
1988	昭和63	夏	浅川地下壕口地区が中腹にある金比羅山一帯を保有していた私立高校の法人による金比羅山を崩しての学校移転計画が問題化	
1990	平成2	12月15日	『地下秘密工場 —— 中島飛行機浅川工場 ——』（齊藤勉著）発行	
1991	平成3	11月10日	市立浅川小学校学習発表会で6年生が「浅川地下壕物語」を上演	

西暦	和暦	月日	八王子の戦争と戦跡にかかわることがら	参考ページ
1991	平成3	7月26日	『米軍新資料　八王子空襲の記録』（奥住喜重著）発行	
1992	平成4	6月10日	中央本線419列車空襲「慰霊の碑」の除幕式開催	P53 14
		8月2日	『中央本線四一九列車』（齊藤勉著）発行	
		10月10日	元八王子村遺族会、高尾街道の拡張工事に伴い、忠魂碑、殉国の碑を移動して、周辺を整備し、殉国之碑を建立	P59 3
1993	平成5	1月	八王子市、非核平和都市宣言10周年にあたり、平和の像を建立	P43
		3月	都立館高校フィールドワーククラブ、浅川地下壕イ地区を実測調査を開始（11月まで）	
1995	平成7	8月15日	川口地区戦没者追悼式実行委員会、「平和の誓い」を建立	P68 1
1997	平成9	7月	元本郷町に八王子平和・原爆資料館開設	P101
		11月	浅川地下壕の保存をすすめる会結成	P50 7
2002	平成14	8月	文化庁による近代遺跡詳細調査の対象となった50カ所の全国の戦跡に浅川地下壕も含まれる	P50 7
2005	平成17	11月	原爆被害者の墓保存会が被爆60年を期して原爆被害者之墓を東京霊園に建立	P64 12
		7月29日	ブックレット『八王子空襲』（八王子市郷土資料館）発行	
		8月5日	『フィールドワーク　浅川地下壕　学び・調べ・考えよう』（浅川地下壕の保存をすすめる会）発行	
		11月15日	八王子市教育委員会、斎藤五郎が1945年10月に撮影した八王子空襲焼け跡写真の原板を市文化財に指定	
2013	平成25	2月	浅川地下壕ロ地区が中腹にある金比羅山を保有していた法人が大阪市の会社に売却。翌年3月、八王子市が購入、公有地化	
2015	平成27	10月24日	八王子市遺族会『追想　八王子市遺族会会報「訪問記」／「各地区慰霊碑案内」の記録』発行	
2016	平成28	8月15日	金剛院（上野町）、第2次世界大戦戦没者慰霊供養塔、供養塔誌を建立	P38 13
2018	平成30	8月5日	『中央本線419列車』（いのはなトンネル列車銃撃遭難者慰霊の会）発行	

協力者一覧

●団 体

浅川地下壕の保存をすすめる会
いのはなトンネル列車銃撃遭難者慰霊の会
八王子市遺族会
八王子市郷土資料館
楽善堂
拓殖大学
たましん地域文化財団

●個 人（敬称略）

伊藤　勝之	尾川　利吉	車田　勝彦	小町　和義	齊藤　晃生
塩谷　暢生	十菱　駿武	瀬沼　秀雄	富樫　康明	富田喜代志
中田　　均	萩生田富司	馬場　　弘	平野　雄司	村野　圭市
山梨　喜正	渡部　恵一			

参 考 文 献

『南多摩郡史』
『八王子の空襲と戦災の記録』　八王子市教育委員会
『盆地は火の海』Ⅰ、Ⅱ、Ⅲ　八王子空襲を記録する会
『新八王子市史』（通史編5　近現代（上））、『新八王子市史』（通史編6　近現代（下））
『焼きつくされた街 ── 八王子空襲の記録』　東京都教職員組合八王子支部　1974年
『八王子事典　改訂版』　八王子事典の会　2001年
『ブックレット　八王子空襲』　八王子市郷土資料館　2005年
『フィールドワーク　浅川地下壕』　浅川地下壕の保存をすすめる会　2005年
『追想　八王子市遺族会会報「訪問記」「各地区慰霊碑案内」の記録』
　　八王子市遺族会　2015年
『中央本線419列車 ── いのはなトンネル列車銃撃空襲の悲劇』　いのはなトンネル列車
　　銃撃遭難者慰霊の会　2018年